W0172521

Volker Peters

Kraftrituale

in der Natur

Veränderungen meistern,
Krisen bewältigen,
Erfolge feiern

Schirner
Verlag

ISBN 978-3-8434-1309-1

Volker Peters:
Kraftrituale in der Natur
Veränderungen meistern,
Krisen bewältigen, Erfolge feiern
© 2017 Schirner Verlag, Darmstadt

Umschlag: Silja Bernspitz, Schirner,
unter Verwendung von # 116574568
(© isak55), # 412683316 (© Bogdan
Sonjachnyj), # 301719671 (© Libellule),
486715579 (© muratart) und # 197236121
(© schankz), www.shutterstock.com
Layout: Silja Bernspitz, Schirner
Lektorat: Karin Garthaus, Schirner
Printed by: Ren Medien GmbH, Germany

www.schirner.com

1. Auflage August 2017

Inhalt

Und meine Seele spannte
Weit ihre Flügel aus,
Flog durch die stillen Lande,
Als flöge sie nach Haus.

(aus Joseph von Eichendorffs
»Mondnacht«)

Für Tanja

Vorwort

Die in diesem Buch vorgestellten Kraftrituale in der Natur habe ich in vielen Jahren meiner praktischen Seminar- und Ausbildungstätigkeit als Naturcoach entwickelt.

Wenn man viel Zeit in der Natur verbringt und sich auf das Abenteuer Wildnis einlässt, dann schafft das Leben einen ganz eigenen Rhythmus. Man versteht, dass sich vieles in der Natur in Zyklen bewegt, von denen der Ablauf der Jahreszeiten oder der Kreislauf von Leben und Tod nur die offensichtlichsten sind. Nichts bleibt gleich, alles verändert sich, ganz egal, ob man sich mit Händen und Füßen dagegen wehrt oder das Neue freudig willkommen heißt. Dieses Buch soll eine Hilfe für all jene sein, die sich auf Veränderungen in ihrem Leben einlassen und diese aktiv gestalten möchten.

Alles hat einen Anfang, aber manchmal liegt dieser so weit in der Vergangenheit, dass die Ursprünge in Vergessenheit geraten sind. Das trifft auch auf die meisten der Naturrituale zu, die ich in diesem Buch beschreibe, da sie ihren Ursprung, ihre Wurzeln, in alten indigenen Kulturen haben. Trotzdem ist es mir wichtig, so weit wie möglich die Quellen und Inspirationen, also auch meine Lehrer, für die im Folgenden dargestellten Naturrituale zu benennen:

Viele Rituale wie die Medizinwanderung, die Sterbehütte und der Bestimmungskreis gehen auf ursprüngliches indigenes Wissen zurück, z. B. der Paiute- und Cheyenne-Indianer Nordamerikas. Ein Teil dieses Wissens wurde vom Halbindianer Hyemeyohsts Storm, der Anthropologin Virginia Hine und Grandpa Raymond, einem Paiute-Ältesten, an Steven Foster und Meredith Little weitergegeben, die in den 1970er-Jahren u. a. Visionssuchen für Jugendliche entwickelten. Steven und Meredith haben ihr Wildnis- und Ritualwissen auch aus anderen Quellen bezogen. Ich selbst habe u. a. von Meredith Little und Dr. Scott Eberle in den USA gelernt. Edith Oepen, eine langjährige Wegbegleiterin, Freundin und geschätzte Kollegin, hat dieses Buch mit ihrem Wissen und ihren Kommentaren bereichert.

Weitere in diesem Buch vorgestellte Rituale haben ihren Ursprung ebenfalls in Nordamerika, jedoch aus einer Richtung, die mit der von Steven Foster und Meredith Little wenig zu tun hat. Sie orientieren sich an den Lehren von Tom Brown Jr., der nach eigener Aussage vom Apachen »Stalking Wolf« in verschiedenen Wildnistechniken und -praktiken unterrichtet wurde. Anschließend gründete er in den USA eine Wildnisschule, die gegen Ende des letzten Jahrhunderts ihre ersten Ableger in Deutschland fand. Meine Erfahrungen habe ich u. a. bei Gero Wever in der »Natur- und Wildnisschule Teutoburger Wald« gemacht. Das Naturritual »Kraftort« sowie die Technik »Fuchsgang & Eulenblick« gehen auf diese Quelle zurück. Beim Naturritual »Wünschen« habe ich mich von Jan Fries inspirieren lassen.

Ich möchte in diesem Vorwort auch darauf hinweisen, dass nicht wenige Ureinwohner Nordamerikas (»Indianer«) die Übernahme ihres spirituellen Wissens und ihrer spirituellen Praktiken als weitere Ausbeutung durch den »weißen Mann« begreifen, was ich sehr gut nachvollziehen kann. Gleichwohl wurde das in diesem Buch verarbeitete Wissen nicht geraubt, sondern freiwillig und wohlwollend von Indianern gelehrt. Außerdem haben sich gerade Steven Foster und Meredith Little darum bemüht, sich bei ihrer Arbeit auf den Kern, die »bare bones« der Rituale, zu konzentrieren, um sie damit für uns »Westler« zugänglicher zu machen. Letztendlich bin ich fest davon überzeugt, dass unsere eigenen Vorfahren, ob Germanen oder Kelten, die gleichen Grundelemente der hier vorgestellten Naturrituale gekannt und praktiziert haben, da es dabei immer um den Umgang mit Lebensübergängen geht. Dieser Umgang mit Lebensübergängen, z. B. in Form von Initiationsritualen, ist bei den verschiedenen indigenen Kulturen weltweit erwartungsgemäß vielfältig. Es ist jedoch erstaunlich, wie sehr sich die grundsätzlichen Elemente, auf die ich in der Einführung näher eingehen werde, ähneln.

Sicherheit & Naturschutz

Was Sie für Ihr Ritual beachten sollten

Es ist mir ein persönliches Anliegen, dass Sie die in diesem Buch beschriebenen Naturrituale durchführen können, ohne sich dabei in Gefahr zu begeben. Das ist gerade in Deutschland gar nicht so schwer, wenn man einige grundlegende Punkte beachtet. Gleichwohl möchte ich betonen, dass dieses Kapitel keinen Anspruch auf Vollständigkeit erhebt und dass Sie natürlich selbst für Ihre Planung und die Einschätzung Ihrer physischen sowie psychischen Kondition verantwortlich sind.

Was auf psychischer Ebene zu beachten ist

Ich behandle gleich zu Anfang dieses Kapitels dieses Thema, weil mir folgende Botschaft besonders wichtig ist: Naturrituale haben einen Einfluss auf unser Leben. Sie sind kein Hokuspokus oder esoterischer Zeitvertreib, sondern wirken auf unsere Psyche und unser Unterbewusstsein. Manche Naturrituale wie »Verwurzeln« oder »Kraftort« kann man immer zur Stärkung der eigenen Psyche durchführen, andere Naturrituale, z. B. »Die Sterbehütte« oder »Der Bestimmungskreis«, können uns mit altem Schmerz und Traumata in Kontakt bringen.

Gehen Sie deshalb selbstverantwortlich und ehrlich mit der Frage um, welches Naturritual Sie sich jetzt in Ihrem Leben zutrauen. In diesem Sinn gilt für Naturrituale das Gleiche wie für Meditationen: Sie können sehr heilsam sein, man sollte jedoch gerade dann, wenn man psychisch instabil ist, vorsichtig sein. Ist man depressiv, leidet man an einem Burn-out oder an einer anderen psychischen Erkrankung, sollte man sich nur nach vorheriger Absprache mit einem Psychiater/Psychotherapeuten oder Neurologen auf Naturrituale einlassen.

Natürlich kann man sich auch in Lebenskrisen mit Naturritualen befassen, denn gerade in solchen Phasen sucht man ja nach neuen Lebenswegen und Veränderungen.

Falls Sie das Gefühl haben, kurz vor einer Erschöpfungsdepression oder einem Burn-out zu stehen, dann empfehle ich Ihnen, erst einmal stärkende und kräftigende Naturrituale durchzuführen, bevor Sie sich Naturritualen zuwenden, die dabei helfen können, eine Krise ursächlich zu überwinden. Denn für Veränderungen muss man zuerst immer Energie investieren!

Es ist völlig normal, dass man nach einem intensiven Naturritual stark emotional ist, egal, ob euphorisch oder tieftraurig (oder beides im Wechsel). Deshalb betone ich in der Beschreibung von vielen Naturritualen, dass man im Anschluss achtsam und sanft zu sich selbst sein sollte sowie sich etwas Gutes gönnen und wertschätzen sollte, dass man etwas für sich getan und geleistet hat.

Was auf physischer Ebene zu beachten ist

Denken Sie daran, für die Durchführung Ihrer Naturrituale immer genug Wasser (mindestens einen Liter, an warmen Tagen auch mehr), wärmende Kleidung und Regenschutz mitzunehmen. Auf diese Art und Weise begegnen Sie den vielleicht größten Gefahren: Dehydrierung und Auskühlung.

Behalten Sie die Orientierung!

Da ich der Meinung bin, dass viele Rituale, z. B. die Medizinwanderung, sehr davon bereichert werden, dass man sich die Freiheit nimmt, auch einmal querfeldein zu gehen und sich treiben zu lassen, ist die Orientierung ein weiterer wichtiger Punkt in diesem Kapitel. Kennen Sie Ihr Gelände gut, müssen Sie sich nicht großartig vorbereiten. Begeben Sie sich in ein unbekanntes oder weitläufiges (Wald-)Gebiet, dann empfehle ich, vorab eine topografische Karte zu studieren, um zu wissen, wodurch Ihr Gebiet in allen Himmelsrichtungen begrenzt ist und in welche Richtung immer eine sichere Rückkehr möglich ist. Machen Sie sich mit dem Gebiet vertraut: Gibt es Anhöhen und steile Hänge? Siedlungen und Äcker? Flüsse und Bäche? Straßen und Wege? Wenn Sie sich im Wald verlaufen, ist es durchaus möglich, dass Sie auf der Karte nicht erkennen, wo Sie sich gerade befinden, egal, wie intensiv Sie diese studieren. Sie sollten aber in der Lage sein, das Gebiet, in dem Sie sich befinden, einzugrenzen, und die Karte sollte Ihnen dabei helfen, die bestmögliche Richtung herauszufinden, um das Gebiet zu verlassen.

Dazu ein Beispiel: Stellen Sie sich vor, Sie sind in einem ausgedehnten Waldgebiet unterwegs. Es ist ein bewölkter Tag, sodass Sie sich nicht anhand der Sonne orientieren können. Vielleicht kennen Sie Teile dieses Waldes schon von Spaziergängen und sind guter Dinge, sich nicht zu verirren. Für Ihr Naturritual lassen Sie sich darauf ein, dahin zu gehen, wohin Sie Ihre Intuition zieht, also abseits der Wege. Es geht rauf und runter im Wald, vielleicht auch einmal über einen Bach. Sie genießen die Zeit, wissen aber nach ein bis zwei Stunden nicht mehr, wo Sie sich befinden. Vielleicht setzt zuerst ein mulmiges Gefühl ein, und wenn Sie nicht innerhalb von einer halben Stunde einen Weg gefunden haben, den Sie kennen, sogar Panik.

Das ist auch schon mein erster Punkt: keine Panik! Sich zu verlaufen ist grundsätzlich nicht schlimm. Was Sie in einer solchen Situation benötigen, sind eine topografische Karte und ein Kompass.

In diesem Beispiel stellen Sie vielleicht fest, dass Ihr Waldgebiet im Osten durch eine Bundesstraße begrenzt wird, die von Nord nach Süd verläuft. Diese Straße können Sie gar nicht verpassen, wenn Sie nach Osten gehen. Oder im Norden schließt sich an das Waldgebiet eine Region mit Äckern und kleinen Siedlungen an. Achten Sie aber auch darauf, dass Sie in Ihre gewünschte Richtung gehen können, ohne dabei Flüsse überwinden oder steiles Gelände hinauf- oder hinabwandern zu müssen. Letzteres erkennt man auf der Karte daran, wie dicht die Höhenlinien beieinanderliegen: je dichter, desto steiler. Zuletzt sollte man natürlich auch die Entfernungen beachten: Im Wald kann sich die Geschwindigkeit auf 1 km/h verringern, im Gebirge kann sie sogar noch deutlich darunterliegen.

Den Kompass brauchen Sie, um in eine bestimmte Richtung gehen zu können. Machen Sie sich deshalb zuvor mit seiner Handhabung vertraut. Das kann ein ganz einfacher Kompass für zehn Euro sein. Es reicht, wenn er die Himmelsrichtungen fehlerlos anzeigt und Sie wissen, wohin die Nadel zeigt. Lassen Sie sich gegebenenfalls die Handhabung vom Fachverkäufer erklären. In Deutschland gibt es nur wenige Gebiete, in denen man stundenlang in eine Richtung laufen kann, ohne auf Wege oder Straßen zu treffen. Schauen Sie nicht ständig auf den Kompass, sondern suchen Sie sich von Ihrem Standort aus mit seiner Hilfe ein erstes Ziel in Ihrer Richtung, z. B. einen Baum, gehen Sie dann zu diesem Ziel, und wiederholen Sie diesen Ablauf.

Unterschätzen Sie Ihr Gelände nicht, machen Sie sich aber vorab auch nicht verrückt. Ich empfehle, sich langsam mit dem Thema »Orientierung« vertraut zu machen und die Entfernung zu bekannten Wegen Schritt für Schritt auszuweiten. So können Sie auf Ihrer ersten Medizinwanderung vielleicht den Weg verlassen, aber schon nach einer viertel oder halben Stunde überprüfen, ob Sie noch wissen, wo Sie sind, und gegebenenfalls zum nächstgelegenen Weg zurückkehren.

Wenn ich allein in entlegeneren Regionen unterwegs bin, nehme ich immer ein abgeschaltetes Mobiltelefon mit und informiere jemanden vorab über den ungefähren Verlauf meiner Route. Man kann immer einmal umknicken und Hilfe benötigen, und dann kann es schon ungünstig sein, wenn man einen Kilometer vom nächsten Weg entfernt ist.

Viele Wälder in Deutschland sind so zahlreich von Wegen durchzogen, dass man schnell wieder auf einen Weg trifft, solange man nicht im Kreis geht. Auch dafür ist ein Kompass gut. Ich habe außerdem immer eine Signalpfeife an einer Schnur um den Hals dabei.

Vorsicht vor wilden Tieren

Das gefährlichste »Raubtier« in unseren Wäldern ist: die Zecke. Nun lachen Sie vielleicht, aber ich meine das völlig ernst. Zecken können u. a. die Erreger für Borreliose und Enzephalitis (Gehirnhautentzündung) übertragen. Tragen Sie deshalb lange Hosen, und kontrollieren Sie zwischendurch immer wieder einmal, ob etwas an Ihrem Hosenbein hochkrabbelt, gerade wenn Sie hohes Gras oder Farne durchquert haben. Am Abend sollten Sie sich einer Ganzkörperuntersuchung vor dem Spiegel unterziehen und dabei nach verdächtigen dunklen Punkten mit einer kleinen roten Umrandung Ausschau halten. Zecken können winzig sein und setzen sich gern an besonders weiche Hautpartien fest: an den Kniekehlen, am Gesäß, auf den

Oberschenkeln, im Intimbereich, unter den Achseln und zwischen den Zehen. In der Apotheke können Sie für wenig Geld eine Zeckenzange erwerben. Eine Borrelioseinfektion können Sie meistens dadurch vermeiden, dass Sie die Zecke innerhalb der ersten zwölf Stunden nach dem Biss entfernen, ohne sie dabei zu quetschen. Je schneller die Zecke entfernt wird, desto niedriger ist das Risiko, an Borreliose zu erkranken. Achten Sie nach einem Zeckenbiss auf Hautrötungen und grippeähnliche Symptome. Falls diese innerhalb von ein bis zwei Wochen nach dem Zeckenbiss auftreten, gehen Sie sofort zu einem Arzt.

In den deutschen Wäldern gibt es wenige große Raubtiere wie Wölfe und gar keine Bären. Wölfe sind scheu und stellen für erwachsene Menschen keine Bedrohung dar.

Am ehesten muss man sich noch vor Wildschweinen in Acht nehmen, vor allem, wenn diese Junge haben. Und falls es doch zu einer Begegnung kommt: Ziehen Sie sich langsam zurück, und machen Sie keinen Lärm. Aber auch Wildschweine trifft man im Forstwald tagsüber sehr selten an.

Begegnung mit Fremden

Viele Frauen haben Angst vor fremden Männern, wenn sie allein im Wald unterwegs sind. Die Polizei rät davon ab, sich z. B. mit Pfefferspray zu bewaffnen, weil man dadurch eher sich selbst als einen möglichen Angreifer gefährdet.

Sie sollten im Hinterkopf behalten, dass im Herbst und Spätsommer viele Pilze- und Beerensammler auch abseits der Wege unterwegs sind. Wenn Sie eine gute Freundin (oder einen guten Freund) haben, die auch an Naturritualen interessiert ist, können Sie sich vielleicht verabreden. Dabei geht es weniger um die tatsächliche Gefahr, die ich als gering einschätze, sondern eher darum, dass Sie das Naturritual ja auch genießen möchten, anstatt mit einem Angstgefühl ständig auf der Hut zu sein. Die Trillerpfeife, die ich bereits zuvor erwähnt habe, kann auch hier gute Dienste leisten, um Angreifer abzuschrecken und um Hilfe zu rufen.

Vorsicht vor Gewittern und Sturm

Kündigt die Wettervorhersage ein Gewitter an, verlegen Sie das geplante Naturritual besser auf einen anderen Tag. Sollten Sie draußen von einem Gewitter überrascht werden, vermeiden Sie offene Flächen, und versuchen Sie, nicht der höchste Punkt im Gelände zu sein. Sollte das Gewitter besonders heftig sein mit Blitzeinschlägen zu allen Seiten, kauern Sie sich möglichst in eine Mulde. Halten Sie sich im Wald nicht in der Nähe des höchsten Baumes auf.

Bei Starkwind sollten Sie Waldgebiete meiden, da nicht nur Äste plötzlich abbrechen und herunterfallen können, sondern weil im Astwerk von Bäumen meistens bereits Totholz hängt, das bei stärkerem Wind zu Boden fallen kann.

Sorgen Sie für Trittsicherheit!

Festes Schuhwerk ist auch im heimischen Wald eine gute Idee. Denn in Turnschuhen können Sie im Wald schnell umknicken, weil der von Blättern bedeckte Waldboden nicht immer so eben ist, wie er scheint. Wenn Sie doch einmal umknicken, dann sollten Sie sich sofort auf den Heimweg machen, selbst wenn es nach dem ersten Schmerz nicht so schlimm zu sein scheint: Nach einer Bänderdehnung schwillt das Fußgelenk schnell an und schmerzt mit der Zeit immer mehr.

Ich rate grundsätzlich davon ab, steile Böschungen hinauf- oder hinabzuwandern, wenn man allein unterwegs ist.

Kein Alkohol, keine Drogen!

Bei Naturritualen muss man wach und achtsam sein, um mit lebendiger Wahrnehmung ganz bei sich und in der Natur sein zu können. Deshalb verzichten Sie bitte auf alles, was diese Wahrnehmung trüben könnte, also Alkohol und Drogen. Mir ist bewusst, dass in manchen schamanischen Ritualen (wie z. B. der Ayahuasca-Zeremonie im Amazonasgebiet) bewusstseinsverändernde Substanzen genommen werden; für die in diesem Buch beschriebenen Rituale wären Alkohol und Drogen kontraproduktiv oder sogar gefährlich, wenn Sie z. B. leicht alkoholisiert stolpern und sich verletzen.

Beachten Sie den Naturschutz!

Wenn Sie sich in der freien Natur, insbesondere im Wald, bewegen, müssen Sie sich an die geltenden Wald- und Naturschutzgesetze halten.

Im Regelfall darf man Forstwald auch abseits von Wegen betreten und durchqueren. Aber: Wer den Wald betritt, hat sich so zu verhalten, dass die dortige Lebensgemeinschaft und die Bewirtschaftung des Waldes nicht gestört, der Wald nicht gefährdet, beschädigt oder verunreinigt sowie die Erholung anderer nicht beeinträchtigt wird. Das bedeutet u. a.:

- kein Zelten und Übernachten
- kein Feuermachen und kein Rauchen
- keine organisierten Veranstaltungen ohne Genehmigung durch das Forstamt
- kein Betreten von Waldbeständen, in denen Holz geerntet wird
- kein Betreten gesperrter Waldflächen und Waldwege
- kein Betreten von ganz jungen Baumbeständen und Aufforstungen
- kein Betreten von forstbetrieblichen oder jagdbetrieblichen Einrichtungen

Wenn Sie regelmäßig in einem bestimmten Naturgebiet unterwegs sind, kann es ratsam sein, Kontakt mit dem Waldbesitzer und/oder dem Forstamt aufzunehmen und zu fragen, ob eine bestimmte Aktivität in einem bestimmten Waldbereich möglich ist. Bei den angedachten Ritualorten könnte es sich im Einzelfall auch um gesetzlich geschützte Waldbiotope, Schon- und Bannwälder* handeln, die Sie vor Ort nicht immer als solche erkennen. In Naturschutzgebieten gelten darüber hinaus strenges Wegegebot und Leinenzwang für Hunde.

Das klingt nach einer typisch deutschen langen Verbotsliste, ergibt jedoch Sinn und schränkt die Naturrituale in der Praxis weniger ein, als man denkt, weil Sie für die meisten Naturrituale nicht mehr brauchen als einen ruhigen und geschützten Ort abseits der Wege.

Speziell auf Rituale bezogen gilt, dass Sie in der Regel einige Zeit am gleichen Ort verweilen. Wenn Sie sich dabei bewegen, z. B. tanzen, sollten Sie darauf achten, die Vegetation nicht zu stark zu belasten oder zu zerstören. Dazu gehört auch ein gewisses Feingefühl. Eine Wiese auf einer Waldlichtung kann sich in der Regel schneller erholen als eine empfindliche Moos- und Flechtenvegetation im Hochgebirge. Requisiten für das Ritual

---

* *Hierbei handelt es sich um speziell geschützte Waldgebiete.*

sollten nur »entliehen« sein und nach dem Ritual an ihren Ursprungsort zurückgebracht werden. In keinem Fall sollte die Natur geschädigt werden, z. B. indem Sie Äste abbrechen.

Meine Philosophie, die ich auch den Teilnehmern meiner Seminare und Ausbildungen vermittle, ist ganz einfach: Verlassen Sie einen Ort so, dass niemand außer einem erfahrenen Fährtenleser hinterher sagen kann, dass Sie da waren. Nehmen Sie all Ihren Müll wieder mit nach Hause, und verteilen Sie die Naturgegenstände, die Sie für Ihr Ritual gebraucht haben, anschließend wieder. Es ärgert mich, wenn ich in der Natur auf wilde Feuerstellen oder nicht abgebaute Tipis/Laubhütten stoße, weil ich einen Raum betreten möchte, der so naturbelassenen ist wie möglich.

Naturrituale
Einführung

Ein Ritual ist nach allgemeiner Definition eine nach einem festen Muster ablaufende, meist feierlich-festliche Handlung mit hohem Symbolgehalt. Ich würde sogar so weit gehen, ein Naturritual als einen »heiligen« Akt zu bezeichnen, in dem Wortsinn, dass es etwas Besonderes ist, das »heil«, also »ganz«, macht. Darüber hinaus kann ein Ritual einen starken Bezug zu eigenen spirituellen Überzeugungen haben und auch auf dieser Ebene heilig bzw. sakral sein.

Der eigentliche Zweck, also, warum eine »feierlich-festliche Handlung mit hohem Symbolgehalt« begangen wird, taucht in dieser Definition nicht auf. Deshalb möchte ich meine eigene Erklärung hinzufügen:

Rituale markieren den Übergang von etwas Altem zu etwas Neuem.

Das gilt natürlich auch für (Alltags-)Rituale ganz allgemein und nicht nur für Naturrituale. Die Hochzeit z. B. ist ein solches großes gesellschaftliches Ritual. Sie signalisiert: Jetzt wird eine neue Lebensphase betreten, heraus aus dem ungebundenen Leben eines Junggesellen/einer Junggesellin und hinein in eine Partnerschaft, die ein ganzes Leben lang Bestand haben soll. Selbst Kaffee und Zeitung am Morgen sind ein Ritual: Jetzt geht es heraus aus der Phase des Ausruhens/der Morgenmuffeligkeit und hinein in den (Arbeits-)Tag. Rituale markieren Lebensübergänge, ganz gleich, ob es kleine und alltägliche oder große und einzigartige Übergänge sind.

Welche Rolle spielt der Symbolcharakter bei Ritualen?

Rituale sind die Brücke zwischen unserem Bewusstsein und unserem Unterbewusstsein, und die Symbole, die wir dabei erhalten oder erschaffen, stellen eine Art Sprache zwischen den Bewusstseinsebenen dar.

Der Sinn von Ritualen ist, Übergänge im Leben bewusst als solche wahrzunehmen und durch den Symbolcharakter auch unserem Unterbewusstsein zu vermitteln: Etwas Altes ist beendet, etwas Neues hat begonnen.

Denken Sie an das Beispiel der Hochzeit: zeremonielle Gewänder, ein Priester (oder ein feierlich anmutender Standesbeamter), (Trau-)Zeugen, ein heiliger (oder zumindest festlicher) Ort und letztendlich das Ritual selbst mit Treueschwur und Austausch der Ringe, dem Symbol für die Trauung. Wozu das Tamtam? Würden eine schriftliche Absichtserklärung und ein nettes Essen mit Verwandten und Freunden nicht reichen? Ich behaupte, dass wir Rituale brauchen, um Veränderungen in unserem Leben, die uns häufig schwerfallen, ganz anzunehmen. Je größer die Veränderung, desto größer das Ritual. Ich denke auch, dass unsere moderne Gesellschaft daran krankt, dass wir viele Übergänge in unserem Leben nicht mehr mit Ritualen markieren, egal, ob das die fehlende Initiation vom Jugendlichen zum Erwachsenen ist oder, um nur ein weiteres Beispiel zu nennen, der Übergang vom Arbeitsleben in den Ruhestand. Bei vielen indigenen Kulturen ist dieser Übergang zum »Ältesten« geprägt von Wertschätzung, während er bei uns allzu häufig als stiller Übergang in die Nutzlosigkeit empfunden wird. Dabei können wir von indigenen Kulturen lernen, ohne sie zu kopieren oder zu idealisieren.

Vielleicht erzeugt die Vorstellung, von Ritualen als Brücke vom Bewusstsein zum Unterbewusstsein zu sprechen, etwas Angst, da das »Unterbewusste« ja per Definition etwas ist, was wir nicht kennen und vor dem wir uns daher leicht fürchten können. Dass unser Unterbewusstsein einen wesentlichen Einfluss auf unsere Entscheidungen und somit auf unser Verhalten hat, zeigen auch neuere wissenschaftliche Studien. Bildlich kann man sich das Verhältnis von (Ober-)Bewusstsein zu Unterbewusstsein so vorstellen, als stünde man auf einem zugefrorenen Teich und schaute in das dunkle Wasser unter dem Eis. Etwas unheimlich. Aber genug gefürchtet! Mit Ritualen können wir unseren Willen und unsere Wünsche »tief hinab« in unser Innerstes bringen und so viel wirksamer machen. Dabei sind Rituale unglaublich vielfältig, sowohl in ihrem Nutzen als auch in ihrem Ablauf.

Im folgenden Beispiel möchte ich Ihnen zeigen, dass Rituale nicht nur wirkungsvoll, sondern auch spannend sein können:

Angenommen, Sie wollen etwas loslassen: die Wut, die Sie auf einen anderen Menschen haben, z. B. auf den Partner, der Sie verlassen hat. Es geht Ihnen also darum, einen Schlussstrich unter diese vergangene Beziehung zu setzen. Sie sind draußen im Wald und suchen nach einem Gegenstand, der das, was Sie loslassen wollen, symbolisiert. Jetzt gilt es, nicht den nächstbesten Gegenstand zu ergreifen (à la »Ich nehme mal den Stock hier drüben«): Sie müssen etwas finden, in dem Sie Ihr Thema wiedererkennen. Und vielleicht gehört es dazu, dass die Suche und das Finden nicht einfach sind und Zeit brauchen. Dann finden Sie: einen Stein. Und jetzt? Wegwerfen!? Nein, hinsetzen. Was ist das für ein Stein? Welche Qualitäten hat er? Wie fühlt er sich an? Wie sieht er aus? Wie riecht er? Sie haben einen Stein genommen, diesen Stein, keine Feder, keinen Zweig. Wozu? Natürlich werden Sie schnell Dinge finden, die Sie an dem Stein nicht mögen, sodass Sie ihn loswerden wollen: Er ist schwer und scharfkantig, vielleicht langweilig. Ist das alles? Warum tragen Sie ihn dann mit sich herum? Was haben Sie davon? Vielleicht gibt Ihnen dieser Stein auch Halt. Materie, die (zerbrochene) Wünsche und Hoffnungen in sich trägt. Etwas, an dem Sie sich geschnitten haben, aber an dem Sie sich auch festklammern.

Ein Stein, der eben auch schön ist, mit seinen Mineraladern und dem Glanz, wenn er nass ist. Vielleicht merken Sie, dass das Verhältnis zu dieser Sache, die Sie loslassen wollen, nicht so einseitig ist, wie Sie gedacht haben. Loslassen möchten Sie trotzdem, jetzt nicht mehr nur, weil es schmerzt, sondern auch, weil Sie weitergehen und etwas Neues in Ihr Leben einladen möchten. Aber Sie merken, dass es nicht mehr stimmig ist, den Stein wegzuwerfen. Vielleicht nehmen Sie ihn mit und legen ihn auf eine Lichtung im Wald oder in eine Asthöhle.

Das ist ein mögliches Naturritual, so kann es ablaufen. Es muss stimmig für Sie sein, dann ist es erstaunlich, welche Wirkung es entfalten kann.

In diesem Beispiel ist der Stein ein Symbol für ein persönliches Thema, z. B. für eine Person oder das Verhältnis zu einer Person (was natürlich nicht das Gleiche ist). Das Geschehen/die Handlung, den Stein zu suchen und zu finden, ist ein Übergang vom Unterbewusstsein über die Bewusstseinsbrücke zum (Ober-)Bewusstsein. Die Handlung, den Stein auf eine stimmige Art und Weise zurückzulassen bzw. abzugeben, ist der Rückweg vom (Ober-)Bewusstsein ins Unterbewusstsein. Auf diese Art und Weise dient der Stein als Botschaft(-er) zwischen den zwei Bereichen unseres Bewusstseins.

Die Vorbereitung
eines Rituals

Bei der konkreten Planung eines Naturrituals geht es um folgende Fragen:

- ∾ Um welches Thema geht es?
- ∾ Welcher Ort erscheint dafür passend?
- ∾ Welche Hilfsmittel brauchen Sie?
- ∾ Was müssen Sie in Bezug auf Sicherheit und Naturschutz bedenken?
- ∾ Wie viel Zeit sollten Sie einkalkulieren?

Um welches Thema geht es?

Es ist sinnvoll, das Ritual in wenigen Worten oder Sätzen klar zu umreißen. »Ich möchte meine neue Partnerschaft feiern« könnte der Satz lauten.
Oder: »Ich möchte die neue berufliche Ausrichtung in meinem Leben willkommen heißen.«

Je konkreter, desto besser. Der Sinn und Zweck dieser kurzen Formulierung ist, sich klar zu fokussieren, sich auf ein Thema zu konzentrieren, und nicht, verschiedene Aspekte, die sich eventuell widersprechen, in einem Ritual zusammenzuführen. Zumindest sollten Sie sich dessen bewusst sein, wenn Sie sich mehreren Themen gleichzeitig in einem Ritual widmen. So kann die Aussage »Ich feiere meine Mutterschaft und das neue Verhältnis zu meinem Mann« ein stimmiges Thema für ein und dasselbe Ritual sein. Es kann sich aber auch um zwei so unterschiedliche Dinge handeln, dass Sie sich besser auf einen Teil konzentrieren und eventuell für den zweiten Teil ein eigenes Ritual zu einem anderen Zeitpunkt gestalten. Auf das obige Beispiel bezogen, wäre das z. B. ein besseres Vorgehen, weil das emotionale Verhältnis zum Kind ein ganz anderes als das zum eigenen Partner ist.

In diesem Buch beschreibe ich ausführlich zwölf verschiedene Kraftrituale in der Natur. In jedem Fall ist der beschriebene Ablauf eines Rituals nur ein Grundgerüst, das Sie den eigenen Bedürfnissen anpassen sollten. Letztendlich ist es auch möglich, und tatsächlich sehr spannend, seine eigenen Rituale zu gestalten. Dafür erhalten Sie am Ende dieses Buches einige Anregungen.

Der passende Ort für ein Ritual

Der Ort für ein Ritual muss zumindest zwei Bedingungen erfüllen: Er sollte für den Anlass stimmig sein, und er sollte eine gewisse Privatsphäre bieten. Zu manchen Ritualen passt es, unter freiem Himmel, an einem See oder am Meer zu sein, andere Rituale finden besser im Wald, auf einer Waldlichtung oder in einer Höhle statt. Es ist schön, wenn Sie sich in Ihrer Naturumgebung auskennen und entsprechende Alternativen kennen. Manchmal hilft das Durchstöbern eines Wanderführers der Umgebung, Anregungen und neue Ideen zu finden. Die für die Rituale notwendige Privatsphäre sollte den Gegebenheiten des Naturraums entsprechen. Wenn z. B. der Kern eines Rituals darin besteht, still zu danken oder einen lauten Freudenschrei auszustoßen, so geht das auch auf einem Berggipfel, wenn Sie dort einige Minuten ungestört sind. Dauert das Ritual länger und ist es intimer, weil Sie weinen oder laut mit sich selbst sprechen möchten, so sollten Sie entsprechend ungestörter sein. So schön es z. B. sein mag, einen Freudentanz am Strand zu tanzen, so sehr kann es auch irritieren, wenn ständig Spaziergänger vorbeikommen, die Ihnen dabei zuschauen. Gerade in Deutschland kann es durchaus eine Herausforderung sein, Naturräume zu finden, in denen Sie ungestört sind. Dabei sollten Sie auch bedenken, dass viele Gebiete an Wochenenden und am frühen Abend stärker besucht sind als tagsüber, unter der Woche oder außerhalb von Ferienzeiten.

Was braucht man für ein Ritual?

Eigentlich brauchen Sie für ein Naturritual keine oder nur wenige Hilfsmittel. In der Regel finden Sie das, was Sie brauchen, in der Natur. So können Sie mit Steinen, Stöcken oder Zapfen den Raum abgrenzen, in dem das Ritual stattfindet. Es mag jedoch Hilfsmittel geben, die eine wichtige Rolle in dem Ritual spielen sollen, z. B. Andenken oder Talismane, und die Sie entsprechend von zu Hause mitbringen. Wer Kerzen entzünden oder räuchern will, sollte immer die Brandgefahr bedenken (s. S. 17).

Zeitlicher Rahmen eines Rituals

Zeitlich sollten Sie zumindest so viel Spielraum haben, dass Sie vor Einbruch der Dunkelheit oder bei einem antizipierten Wetterumschwung das Ritual beenden können. Natürlich können Sie das Ritual auch bewusst in die Nacht oder in die Dämmerung legen, wenn dieser Übergang von Tag zu Nacht oder Nacht zu Tag eine Rolle in dem Ritual spielen soll. Dabei sollten Sie auch die geltenden Bestimmungen zum Naturschutz beachten und ebenfalls Sicherheitsaspekte bedenken. Ein Ritual muss nicht zwangsläufig lange dauern. Der Kern eines Rituals kann auch »nur« ein für Sekunden tief empfundener Dank sein.

Das Ritual
und seine Schwellen

Auf eine gewisse Art und Weise markieren alle Rituale Lebensübergänge, ganz gleich, ob Sie etwas feiern, sich von etwas verabschieden möchten oder Sie sich etwas wünschen und Neues willkommen heißen. Es spielt auch keine Rolle, ob Sie diesen Übergang bewusst als solchen begehen, z. B. beim Wechsel von einer beruflichen Tätigkeit in eine andere, oder ob die Thematik des Übergangs nicht bewusst im Zentrum steht. In jedem Fall markiert das Ritual einen Übergang zu einer neuen Situation, einer anderen Verhaltensweise oder veränderten Geisteshaltung/Einstellung. Aus diesem Grund gliedert sich ein Ritual in drei Phasen:

- ∾ Schwelle hinein in das Ritual
- ∾ das eigentliche Ritual (zwischen den Schwellen)
- ∾ Schwelle hinaus aus dem Ritual

Die meisten der in diesem Buch vorgestellten Rituale beginnen und enden mit dem Überschreiten von Schwellen. Ich werde im Folgenden ausführlich erläutern, was ich damit meine, und später bei den einzelnen Ritualen nur kurz darauf eingehen, inwieweit das Überschreiten von Schwellen von Bedeutung ist.

Über die Schwelle hinein in den Ritualraum

Ein Naturritual beginnt mit dem Überschreiten der Schwelle. In der Regel also kurz nachdem Sie den Naturraum betreten haben, z. B. wenn Sie den Parkplatz oder Bahnhof verlassen haben und in ein Waldgebiet gehen. Dafür sollten Sie bestenfalls ungestört sein und Ruhe haben. Suchen Sie sich also einen ruhigen Ort, an dem Sie in der Natur eine Schwelle errichten können. Mit »Schwelle« meine ich ganz physisch eine Schwelle ähnlich einer Türschwelle. Sie können dazu Stöcke, Äste, Kiefernzapfen, Steine etc. verwenden. Wie bei allen Naturritualen gilt: so viel wie nötig, so wenig wie möglich.

Mit einem Stab einen Strich in den Waldboden zu ziehen, ist meiner Meinung nach am Anfang zu wenig. Eine Stunde darauf zu verwenden, ein wundervolles Gebilde am Waldboden zu errichten, wird meistens zu viel Aufwand sein (es sei denn, dass die Schwelle genau Ihr Thema ist, aber das ist ein anderer Gedankengang). Die Schwelle stellt den Übergang von unserer profanen Alltagswelt hinein in einen geschützten Ritualraum dar. Oder, wenn Sie so wollen, hinein in eine Welt, in der die Sinne auf »hypersensibel« schalten, in der alles von Bedeutung ist und nichts ohne Sinn.

Im mystischen Sinn können Sie sich vorstellen, mit dem Überschreiten der Schwelle eine magische Welt betreten zu haben, z. B. die Anderswelt der Kelten, eine andere Ebene auf dem germanischen Weltenbaum oder vielleicht einen Teil der Unterwelt. Seien Sie offen für das, was Sie jenseits dieser Schwelle erleben.

Haben Sie Ihre Schwelle errichtet, dann nehmen Sie sich einen Moment Zeit. Worum geht es noch einmal? Versuchen Sie, Ihre Frage oder Ihr Anliegen in einem einfachen und klaren Satz zusammenzufassen und auch gern laut auszusprechen. Bevor Sie nun die Schwelle bewusst überschreiten, können Sie auch Ihre geistigen Verbündeten um Hilfe bitten, oder Sie bitten ganz allgemein darum, im folgenden Naturritual behütet und beschützt zu sein. Warum auch nicht, haben sich doch zu allen Zeiten die Suchenden und Abenteurer den Segen ihrer jeweiligen Religion geben lassen, bevor sie ins Unbekannte aufgebrochen sind. Und ein Aufbruch ins Unbekannte, das ist auch ein Naturritual, selbst wenn es nur in den nächsten Stadtwald geht.

Übertreten Sie nun die Schwelle im Bewusstsein Ihres Anliegens, drehen Sie sich um, und zerlegen Sie Ihre Schwelle wieder. Schließen Sie die metaphorische Tür in dem Wissen, dass Sie diese an jeder beliebigen Stelle neu erschaffen können. Verstreuen Sie also Ihre Äste, Steine, Zapfen etc. Wie für alles, was in diesem Buch beschrieben wird, gilt: Verlassen Sie die Natur, möglichst ohne Spuren zu hinterlassen!

Sie werden auch Ihren eigenen Zugang zu den Schwellen, zu diesen »Türen« hinein in eine magische Welt, entwickeln. Wenn Sie wissen, worauf es ankommt, dann kann auch ein markanter Schatten, der Übergang zwischen Hell und Dunkel, eine Schwelle sein, oder ein tief hängender Ast, ein Vorhang aus Staub, den Sie in die Luft geworfen haben. Der Kreativität sind praktisch keine Grenzen gesetzt. Achten Sie darauf, die Schwelle bewusst zu öffnen und ebenso bewusst zu schließen und mit einer Geisteshaltung in das Ritual zu gehen, die Ihren Respekt und Ihre Wertschätzung für die Natur zum Ausdruck bringt.

Der Ritualraum – das eigentliche Ritual

In den folgenden Ritualen erfahren Sie konkret, wie es nun »hinter der Schwelle« weitergeht. An dieser Stelle möchte ich noch einmal auf die Bedeutung des »Ritualraums«, also den Ort und die Zeit zwischen den Schwellen, eingehen.

Die Schwelle hat den Sinn, Ihnen auch unterbewusst, auf einer intuitiven Ebene klarzumachen, dass Sie die alltägliche Welt verlassen und einen besonderen Ort betreten haben, an dem der Raum und die Zeit für Ihr Naturritual sind. Die Schwelle transportiert als ein von Ihnen geschaffenes Ritualsymbol diese Botschaft in Ihr Unterbewusstsein: Achtung, hier geschieht etwas Neues, etwas Ungewöhnliches, etwas Nicht-Alltägliches.

Auf eine solche ungewohnte und neuartige Situation reagieren wir mit geschärften Sinnen, einer gesteigerten Wahrnehmung unserer Umgebung und (hoffentlich) auch mit jeder Menge Neugier. Gleichzeitig ist dieser Raum »geschützt«, womit ich zum Ausdruck bringen will, dass Sie einerseits Grenzen zur »Außenwelt« geschaffen haben, die es Ihnen einfacher machen, alltägliche Gedanken und Sorgen für die Zeit Ihres Naturrituals außen vor zu lassen. Und andererseits haben Sie einen Raum geschaffen, den Sie, wenn ein Ritual zu intensiv wird, auch wieder verlassen können.

Während des Rituals können Sie schweigen, einen lauten oder stillen Monolog oder ein Zwiegespräch führen, es mit Gesang oder Musik untermalen, und natürlich können Sie dies auch alles abwechselnd machen. Sie können sitzen, stehen, in Bewegung sein oder tanzen. Wenn Sie an bestimmte göttliche oder geistige Kräfte glauben, können Sie diese zu Beginn oder während des Rituals dazu einladen, daran teilzunehmen, als stille Zeugen oder mitfeiernde Gäste.

Mindestens ebenso wichtig wie die tatsächliche Handlung ist die Geisteshaltung, mit der Sie ein Ritual begehen. Natürlich gibt es dafür keine Vorschrift. Das Ritual kann auch albern, überschwänglich, ja, sogar herausfordernd sein, wenn es zum Thema passt. Eine der Bedeutung des Begriffs »Ritual« entsprechende feierliche Grundhaltung erscheint mir jedoch am sinnvollsten. Darin steckt auch eine gewisse Ernsthaftigkeit, in der die Wichtigkeit und die Bedeutung Ihres Themas zum Ausdruck kommen.

Über die Schwelle hinaus aus dem Ritualraum

Wenn Sie sich dazu entschlossen haben, Ihr Naturritual zu beenden, errichten Sie wieder eine Schwelle. Die Schwelle müssen Sie nicht an demselben Ort errichten, wo Sie die erste Schwelle in den Ritualraum hineingetragen hat, aber natürlich spricht auch nichts dagegen. Sie können gleiche oder ähnliche Materialien dafür verwenden oder sich etwas ganz Neues einfallen lassen. Wichtig ist, dass Sie die Schwelle wieder ganz bewusst überschreiten, sich klarmachen, dass Sie die magische Welt Ihres Naturrituals verlassen und nun wieder ganz in Ihre Alltagswelt zurückkehren. Falls Sie eine besonders schöne Erfahrung hatten, mag Ihnen das nicht leichtfallen, aber erstens können Sie jederzeit wiederkehren, und zweitens sollten Sie mit Ihrer gesteigerten Sensibilität aus dem Ritualraum nicht direkt in die häufig mit Reizen überflutete Umgebung gehen. Das würde schnell zu viel werden.

Am Ende eines Naturrituals bedanke ich mich immer, egal, ob es eine angenehme oder »nur« eine lehrreiche Erfahrung war, dafür, dass ich behütet mein Naturritual durchführen konnte.

Übertreten Sie die Schwelle, und zerlegen Sie die Schwelle dann wieder. Nichts soll darauf hinweisen, dass Sie hier waren.

Die Nachbereitung

eines Rituals

In der Nachbereitung geht es darum, das Erlebte zu verarbeiten und in das eigene Leben zu integrieren. Die Nachbereitung beginnt bewusst oder unbewusst direkt nach dem Ende des Rituals, also in dem Moment, in dem das Erlebte erst einmal »zu sacken« beginnt.

Am folgenden Tag oder innerhalb von einer Woche empfiehlt es sich, das Geschehene noch einmal zu reflektieren. Vielleicht finden Sie draußen einen geschützten und ruhigen Ort, lehnen sich beispielsweise an einen Baumstamm und erinnern sich an das Ritual. Es ist sehr hilfreich, dafür ein Tagebuch zu haben, in dem Sie das Geschehene aufschreiben und so noch einmal Revue passieren lassen können. Dabei geht es gar nicht darum, dass Sie in einigen Jahren noch einmal nachlesen wollen, was Sie getan haben, sondern vielmehr hilft das Schreiben, den Kern des Rituals, sozusagen die Essenz, für Sie selbst zusammenzufassen. Es war Ihr Naturritual, nun ist es ein Teil Ihrer persönlichen Lebensgeschichte. Schreiben Sie diese Episode kurz auf. Sie können das Erlebte auch einem nahestehenden Menschen anvertrauen. Überlegen Sie sich jedoch vorher, ob der

Mensch, dem Sie Ihre Geschichte erzählen wollen, damit umgehen kann. Auch ein guter Freund kann skeptisch sein, und es empfiehlt sich gerade zu Beginn, diesen frischen Neubeginn in Ihrem Leben nicht durch Zweifel von außerhalb zu schwächen. Wenn Sie aber jemanden haben, den Ihre Geschichte berührt und der dankbar für Ihr Vertrauen ist, dann können das Erzählen und das Gehörtwerden sehr bestärkend auf Sie wirken. Zusammenfassend kann man also sagen, dass die Nachbereitung der Klärung, der Bekräftigung und gegebenenfalls der Inspiration dient.

Vielleicht ergeben sich aus dem Erlebten weitere Fragen, die Sie z. B. auf einer Medizinwanderung klären können, oder neue Erkenntnisse, mit denen Sie weiterarbeiten können. Einige der in diesem Buch beschriebenen Rituale gewinnen an Kraft, wenn Sie sie regelmäßig wiederholen, z. B. »der Kraftort«. Bei anderen Ritualen ist es nicht sinnvoll, sie zum gleichen Thema zu wiederholen, nur weil man das Gefühl hat, dass es vielleicht beim ersten Mal »nicht geklappt« hat. Sollten Sie skeptisch sein, ob das Erlebte die eigene Perspektive auf das Thema verändert hat, so darf diese Skepsis durchaus im Raum stehen. Meine Erfahrung ist, dass ein Ritual eine zuverlässige und effektive Methode ist, um Veränderungen auf den Weg zu bringen, eventuell aber etwas Zeit braucht, um sich zu entfalten.

Hilfreiche Techniken für die Ritualarbeit
Fuchsgang & Eulenblick

Wenn Sie das nächste Mal im Wald spazieren gehen, dann achten Sie doch einmal darauf, wie Sie sich selbst bewegen und wie andere Spaziergänger gehen. Häufig sind wir in einem zügigen Schritttempo unterwegs, und auch wenn uns das selbst nicht so bewusst ist, verpassen wir ziemlich viel von dem, was um uns herum vorgeht.

Bei den in diesem Buch vorgestellten Naturritualen geht es auch darum, die Natur anders und neu wahrzunehmen. Ein Werkzeug dafür ist die Schwelle, denn sie öffnet den Raum und unser Bewusstsein dafür, unvoreingenommen in die Natur zu gehen und die Dinge, die wir wahrnehmen, als Symbole, Zeichen und Antworten zu deuten.

Aus dem wildnispädagogischen Bereich kommt die folgende Übung, die ich Ihnen ans Herz legen möchte, um Naturrituale zu einem besonderen Erlebnis zu machen: »Fuchsgang & Eulenblick«.

Eigentlich geht es »nur« darum, sich wie indigene Jäger in der Natur zu bewegen, wenn diese auf der Pirsch oder sozusagen im »Schleichmodus« sind. Sie machen dabei extrem langsame, fließende Bewegungen, bei denen der Oberkörper möglichst ruhig und der Kopf auf einer Höhe bleibt. Wollen Sie einmal einen Meister des Schleichens beobachten, dann achten Sie draußen auf jagende Hauskatzen.

Natürlich wollen wir uns nicht an Beutetiere heranschleichen, aber tatsächlich halten wir Ausschau nach den Dingen, die für unser Naturritual und damit für uns selbst wichtig sind. Dadurch dass wir uns langsam und aufmerksam durch die Natur bewegen, erhöht sich auch unsere Chance, Tiere wahrzunehmen, die uns sonst entgangen wären und die wir aufgeschreckt hätten. In dem Maße, in dem wir unsere Wahrnehmung verändern, verändern wir auch unser Bewusstsein. Das haben vor langer Zeit auch spirituelle Meister erkannt, die die Gehmeditation zu einem festen Bestandteil buddhistischer Meditationsformen gemacht haben.

Die Technik ist dabei zwar einfach zu beschreiben, fordert jedoch ein nicht geringes Maß an Geduld und Übung, bevor man sie wirklich gemeistert hat. Sie können auf einem Wanderweg mit dieser Übung beginnen und sich dann langsam über ebenes Gelände abseits der Wege zu durchaus schwierigem Gelände wie Böschungen oder dichtem Unterholz steigern. Halten Sie die Arme an Ihrem Körper, oder falten Sie die Hände hinter Ihrem Rücken, und verlangsamen Sie Ihr Tempo immer weiter, bis Sie für einen einzigen Schritt bis zu eine Minute benötigen. Halten Sie dabei den Oberkörper möglichst gerade und nur leicht vornüber gebeugt. Heben Sie Ihre Füße bei den Schritten gerade so weit vom Boden, dass sie nicht an Ästen oder Zweigen hängen bleiben. Ganz wichtig ist, dass sich ein fließender Bewegungsablauf einstellt, dass Sie also den kompletten Schritt in der gleichen Geschwindigkeit durchführen. Das ist viel schwieriger, als es klingt, weil es einerseits eine Herausforderung ist, auf einem Bein stehend die Balance zu halten, vor allem auf unebenem Untergrund, und andererseits, weil man nach kurzer Zeit auch die Muskeln in den Oberschenkeln spürt, wenn man den Fuß sehr langsam und relativ hoch anhebt. Es macht aber auch Spaß, sich auf diese ungewohnte Art und Weise durch die Natur zu bewegen, und es hat tatsächlich einen meditativen Einfluss auf unsere Wahrnehmung. Wir werden dadurch klar und achtsam.

Nutzen Sie diese Übung z. B. auf Medizinwanderungen, um Ihren normalen Bewegungsablauf immer wieder zu unterbrechen und sozusagen auf Zeitlupe zu schalten.

Sie können diese Übung noch dadurch intensivieren, dass Sie vom fokussierten Blick, in dem wir uns fast immer automatisch befinden, auf den »Eulenblick« schalten, also indem Sie praktisch in die unendliche Weite schauen und dadurch defokussieren.

Die Jäger der indigenen Kulturen nutzen diese Technik, um ihr Blickfeld deutlich zu erweitern und Bewegungen auch an dessen Rand wahrzunehmen. Denn zuerst einmal muss ein Jäger ein Beutetier überhaupt wahrnehmen, bevor er es in den Fokus nehmen kann.

Weiterhin wirkt diese »Unendlichstellung« unseres Sehvermögens durch den »Eulenblick« entspannend und führt vor allem dazu, dass die Natur anders als gewohnt und neu wahrgenommen wird. Dieses »anders als sonst« ist ein sehr hilfreicher Aspekt dabei, Naturrituale als etwas Besonderes, als etwas jenseits der Alltagserfahrung zu erkennen und zu erleben. »Fuchsgang« und »Eulenblick« sind also Teil alter indigener Schleichtechniken, die unsere Naturrituale bereichern können.

Die 12 Rituale

Die Medizinwanderung

Antworten in der Natur erhalten

»Möchtest du etwas Medizinmacht haben?«, fragte der Frosch den kleinen Mäuserich in einem alten indianischen Märchen, als dieser auf seiner Medizinwanderung war. Medizin, das ist in diesem indigenen Verständnis nicht der Hustensaft, den man bei einer Erkältung nimmt, sondern alles, was gut für einen ist.

Ein Tier, das einem im Wald begegnet, kann ebenso gute Medizin sein wie ein besonders schöner Sonnenaufgang, der einem die Sprache verschlägt. So können auch Informationen und Antworten auf Fragen, die uns im Leben weiterhelfen, eine Form von »guter Medizin« sein.

Wie wäre es, wenn Sie mit einer persönlichen Frage hinaus in die Natur gingen und dort Antworten erhielten? »Von wem?«, fragen Sie vielleicht, und ich würde mit »Wer weiß?« antworten. Wer weiß, ob es die Natur ist, die antwortet, eine göttliche Kraft, Ihre geistigen Verbündeten oder andere Ihnen wohlgesonnene Kräfte? Oder ob es Ihr eigenes Unterbewusstsein ist, das aus der unendlichen Menge von Natursymbolen jene herausfiltert, die Sie wahrnehmen und die Ihnen dabei helfen, die Antwort in Ihrem eigenen Innern zu finden? Wichtig ist nur, dass Sie mit Antworten zu-

41

rückkehren, die für Sie stimmig sind. Lassen Sie sich überraschen! Die Medizinwanderung ist ein Naturritual, bei dem Sie Antworten auf Ihre Fragen erhalten.

Ablauf

Die traditionelle Medizinwanderung beginnt bei Sonnenaufgang und endet bei Sonnenuntergang. Sie können aber auch schon spannende und intensive Erfahrungen machen, wenn Sie sich nur ein bis zwei Stunden Zeit in der Natur nehmen. Am Anfang dieses Rituals steht, wie in der Einführung beschrieben, die Schwelle, die Sie bewusst mit Ihrer Frage überschreiten. Anschließend verbringen Sie die Ritualzeit in der Natur und sind offen für das, was Sie wahrnehmen und erleben. Am Ende verlassen Sie den Ritualraum wieder über eine Schwelle und bedanken sich dabei für die gewonnenen Erkenntnisse.

Vorbereitung

Am Anfang der Vorbereitung steht die Klärung Ihrer Frage: Was ist jetzt für Sie wichtig, auf welche Frage möchten Sie Antworten finden? Versuchen Sie, Ihre Frage in einem Satz zu formulieren, den Sie später an der Schwelle aussprechen können. Versuchen Sie, Aneinanderreihungen zu vermeiden und sich auf eine einzige Frage zu beschränken.

Die Frage könnte z. B. lauten: »Was gibt mir Kraft im Leben?« Sie dürfen auch fragen: »Was sollte ich tun?«, wenn es sich auf eine konkrete Situation bezieht. Sie können eigentlich jede Frage stellen, die Sie wollen. Sie sollten nur Fragen vermeiden, die man mit »Ja« oder »Nein« beantworten kann. Die Frage sollte also offen formuliert sein.

Es ist auch hilfreich, ein Gefühl dafür zu bekommen, wie »groß« Ihre Frage ist. »Was soll ich in meinem Leben alles verändern?« wäre z. B. eine Frage, die ein ziemliches Volumen hat und durchaus den Rahmen einer Medizinwanderung sprengen könnte. Vielleicht werden Sie dann während der Medizinwanderung feststellen, dass Sie nicht »alle« Antworten erhalten, sondern nur die für Sie bedeutsamsten.

Für die Medizinwanderung ist es hilfreich, dass Sie das Gelände, in dem Sie sich bewegen möchten, gut kennen, sodass Sie nicht die Orientierung verlieren. Denn ich möchte Sie dazu einladen, sich treiben zu lassen und auch abseits der Wege zu gehen, wenn die Bestimmungen für das Naturgebiet es zulassen.

Nehmen Sie sich neben ausreichend Zeit auch genug Wasser und eine Essensreserve, z. B. einen Müsliriegel, mit, zudem warme Sachen und Regenschutz. Informieren Sie vor Ihrem Aufbruch entweder eine Ihnen nahestehende Person über Ihre Pläne, oder nehmen Sie Ihr Mobiltelefon (bitte ausgeschaltet!) für den Notfall mit. Schauen Sie sich das Gelände, z. B. den Wald, den Sie betreten wollen, vorher noch einmal auf einer Karte an, und überlegen Sie, wodurch er an welchen Seiten begrenzt ist. Ich empfehle dringend die Mitnahme eines Kompasses. Wenn Sie in einem besonders einsamen Gebiet auf Medizinwanderung gehen wollen, dann denken Sie bitte daran, dass es in Ihrer Verantwortung liegt, die Orientierung zu behalten. Im Zweifelsfall fangen Sie klein an und steigern die Reichweite Ihrer Ausflüge in dem Maße, in dem Ihnen die Orientierung im Gelände und der Umgang mit Karte und Kompass vertraut werden.

Sie können aber auch in einem (Stadt-)Park oder in einem kleinen Waldstück, am Meer oder am Flussufer auf Medizinwanderung gehen, alle Naturräume sind möglich!

Wenn Sie im Gelände sind, achten Sie auf Ihre Sicherheit, und begeben Sie sich nicht in unnötige Gefahr: Sie müssen z. B. nicht einen Steilhang hinunterstolpern, Sie können auch außen herum oder in Serpentinen gehen. Sie müssen nicht durch einen reißenden Bachlauf gehen, sondern können am Ufer bis zur nächsten Brücke entlangwandern.

Eines noch, bevor es losgehen kann: Achten Sie darauf, während der Medizinwanderung nur im Notfall etwas zu essen! Dieses Naturritual entstammt einer Tradition, in der das Fasten eine wichtige Rolle spielt: Der Geist wird ein Stück freier, die Wahrnehmung verändert sich, wenn man eine Zeit lang fastet. Wenn die Medizinwanderung von Sonnenauf- bis Sonnenuntergang stattfindet, dann ist dieses Fasten für die meisten Menschen problemlos möglich. Gehen Sie sowieso nur für einige wenige Stunden auf Medizinwanderung, dann betrachten Sie das Fasten vielleicht als ein kleines Opfer, das Sie bereit sind, für die Antworten aus der Natur zu erbringen.

Eine Aufgabe für die Medizinwanderung lautet, einen Gegenstand zu finden, der sozusagen die Essenz der Antworten auf Ihre Frage beinhaltet. Machen Sie es sich damit nicht zu schwer, der Gegenstand wird Ihnen im Laufe der Medizinwanderung begegnen!

Nehmen Sie ein Tagebuch oder einen Notizblock mit, um zwischendurch Gedanken und Beobachtungen festhalten zu können.

Die Schwelle

Wenn Sie am Rande des Naturraums angekommen sind, den Sie für die Medizinwanderung ausgesucht haben, dann finden Sie einen ruhigen Ort, an dem Sie in der Natur eine Schwelle errichten können.

Haben Sie Ihre Schwelle errichtet, dann nehmen Sie sich einen Moment Zeit, Ihre Frage in einem einfachen und klaren Satz zusammenzufassen. Sprechen Sie diese Frage gern laut aus, bevor Sie die Schwelle übertreten. Überschreiten Sie dann die Schwelle im Bewusstsein Ihrer Frage, drehen Sie sich um, und zerlegen Sie Ihre Schwelle wieder.

Hinter der Schwelle

Sie haben gerade eine magische Welt betreten! Spannend! Sie stehen jetzt auf der anderen Seite und sind bereit für die Antworten aus der Natur. Was mag jetzt als Nächstes geschehen? Möglicherweise … wenig. Der Wald ist immer noch ein Wald, und auch wenn einige Menschen dort Kobolde und Elfen entdecken mögen, so kann es gut sein, ja, es ist sogar wahrscheinlich, dass Ihnen der Wald erst einmal so vorkommen mag wie immer. Das ist nicht schlimm, haben Sie Vertrauen darauf, dass dieses Naturritual ebenso kraftvoll und wirksam ist, wie alle anderen in diesem Buch beschriebenen. Lassen Sie sich treiben. Wohin zieht es Sie? In die Dunkelheit des Nadelwaldes? Den Hang hinunter zum Bach, den Sie in der Ferne plätschern hören? Oder einfach nur zu einem Baum, den Sie in der Nähe sehen? Sie können auch dem Ruf eines Vogels folgen oder einem Schmetterling, der zur nächsten Lichtung fliegt. Es gibt kein Richtig oder Falsch, sondern nur ein Vertrauen und Sicheinlassen auf das Naturritual.

Die Medizinwanderung

Versuchen Sie, nicht in Gedanken zu sein, sondern sich in erster Linie auf Ihre Wahrnehmung zu konzentrieren. Sie können auf dieser Medizinwanderung sehr gut die Technik »Fuchsgang & Eulenblick« sowie das

Ritual »Kraftort« mit einbinden. Was hören Sie? Was sehen Sie? Wonach riecht es? Nehmen Sie die Natur mit allen Sinnen wahr, und erleben Sie diese so ganz neu. Es ist nicht immer einfach, das Gedankenkarussell abzustellen, aber versuchen Sie es, und die Natur wird ihr Übriges tun, um Sie in diese magische Welt zu entführen. Machen Sie Pausen, wenn Ihnen danach ist: Es spricht nichts dagegen, an einem Ort zu verweilen. Die Medizinwanderung kann Sie über viele Kilometer hinweg tragen oder nur über wenige Dutzend Meter; das ist nicht entscheidend.

Wenn Sie dieses Ritual häufiger wiederholen, dann werden Sie merken, dass es Ihnen immer leichter fallen wird, in diese Welt jenseits der Schwelle einzutauchen. Am Anfang mögen Sie darüber rätseln, was Ihre Erfahrungen zu bedeuten haben, oder ob sie überhaupt etwas zu bedeuten haben. Im Laufe der Zeit wird es immer einfacher, die Sprache der Natur zu verstehen. Wenn Sie so wollen, könnte man sagen, dass Sie über die Seiten eines Buches wandeln, und die Symbolsprache der Natur formt die Wörter und Sätze, die für Sie bestimmt sind. Zu zweifeln gehört dazu: »Der abgebrochene Ast, der da quer über dem Weg liegt, ist das ein Symbol für mich, eine Antwort auf meine Frage? Oder die Krähe dort, die mich misstrauisch vom tief hängenden Ast einer Buche zu beobachten scheint?«

Meine Erfahrung ist die, dass die Symbole zueinanderpassen, eine Geschichte erzählen. Es ist also nicht notwendig, jedes Geschehen, jede

Wahrnehmung, jedes Natursymbol einzeln zu deuten. Gerade während der Medizinwanderung gilt: Lassen Sie erst einmal alles auf sich wirken! Verschieben Sie das Nachgrübeln auf später. Eine weitere Erfahrung: Die Natur wiederholt sich gern, wenn eine Botschaft wichtig ist. Spätestens wenn Ihnen der dritte abgebrochene Ast Ihren Weg versperrt, ist das wahrscheinlich ein Teil Ihrer Geschichte. Sie dürfen sich gern während der Medizinwanderung Zeit nehmen, um Notizen zu machen. So fällt es Ihnen später leichter, aus dem Erlebten eine Geschichte zu formen.

Wann endet die Medizinwanderung? Wie gesagt, im traditionellen Sinn zu Sonnenuntergang. Möchten Sie eine kürzere Medizinwanderung machen, was genauso intensiv sein kann wie eine lange Medizinwanderung, dann empfehle ich, einen abgesteckten Zeitraum vorher festzulegen. Dazu können Sie gut eine Uhr mitnehmen, die Sie aber bitte im Gepäck vergraben und nicht alle paar Minuten hervorholen, um zu schauen, wie viel Zeit vergangen ist. Warum nicht einfach so lange gehen, bis man das Gefühl hat, dass es an der Zeit ist, die Medizinwanderung zu beenden? Grundsätzlich können Sie das auch tun, es spricht nichts dagegen. Aber es gibt einen Nachteil dabei, auf sein eigenes Gefühl zu achten, den ich kurz erläutern möchte: Manchmal denkt man: »Das war es. Ich habe meine Antworten bekommen, fertig, jetzt kann ich nach Hause gehen.« Und dann merkt man: Da kommt noch etwas. Eine Art »P S« der Natur, das ganz wichtig ist. Außerdem ist es möglich, sich durch ein zu frühes Abbrechen der Medizinwanderung unangenehmen Antworten entziehen zu wollen. Denn die Medizin der Medizinwanderung kann auch ganz schön bitter sein! Verstehen Sie mich nicht falsch: Oberstes Gebot ist es, auf sich Acht zu geben. Sie sind für Ihre eigene psychische und physische Sicherheit verantwortlich, das nimmt Ihnen auf der Medizinwanderung niemand ab. Wenn Sie sagen »Jetzt reicht es, ich will/kann nicht mehr«, dann hören Sie auf diese Stimme! Gerade dann, wenn Sie mit Erschöpfungszuständen

zu tun haben oder in Ihrem Leben häufiger Ihre Grenzen überschreiten, dann ist es wichtig, sich nicht zu überfordern. Aber wenn Sie einen Zeitraum vorher festgelegt haben und einfach nur genervt oder müde sind, sich auf das nächste Essen oder den Fernsehabend freuen, dann möchte ich Sie ermutigen: Halten Sie durch! Gerade jetzt, wo der Geist müde wird, kann es sein, dass Sie endlich bereit und offen für die Antworten sind, die Sie suchen! Ich habe es ganz häufig erlebt, dass ich selbst oder meine Seminarteilnehmer in der letzten Viertelstunde noch viel erleben. Man könnte sagen, dass da noch einmal »die Post abgeht«.

Rückkehr

Wenn Sie sich dazu entschlossen habe, die Medizinwanderung zu beenden, errichten Sie wieder eine Schwelle. Bevor Sie das jedoch tun, überlegen Sie kurz, ob Sie Ihren Gegenstand, der die Essenz der Antworten von Ihrer Medizinwanderung beinhaltet, gefunden haben. Falls Sie das ganz vergessen oder Ihnen bis dahin nichts ins Auge gesprungen ist, dann schauen Sie sich doch noch einmal um: Vielleicht wartet Ihr Gegenstand, ein Stein, ein besonderes Stück Holz, eine Feder oder sogar eine verbeulte Blechbüchse, direkt an dem Ort, an dem Sie die Schwelle errichten möchten. Und falls Sie keinen Gegenstand gefunden haben, ist das auch kein Drama, denn vielleicht gehört es zu Ihrer Geschichte dazu. Aber dazu gleich mehr.

Errichten Sie Ihre Schwelle, wie in der Einführung beschrieben, und achten Sie darauf, diese wieder bewusst zu überschreiten. Machen Sie sich klar, dass Sie die magische Welt Ihrer Medizinwanderung verlassen und nun wieder ganz in Ihre Alltagswelt zurückkehren. Wenn es für Sie stimmig ist, bedanken Sie sich für die erhaltenen Antworten und dafür, dass Sie wohlbehalten heimkehren.

Übertreten Sie die Schwelle, und zerlegen Sie sie anschließend wieder.

Nachbereitung

Sie kehren mit einer Geschichte heim. Selbst wenn Sie gar nicht sicher sind, was Sie da erlebt haben oder noch unschlüssig darüber sind, wie Sie das deuten sollen, so tragen Sie die Geschichte Ihrer Medizinwanderung in Ihrem Herzen. Es mag für Sie ein Aha-Effekt gewesen sein, die Medizinwanderung mag Ihnen etwas gezeigt haben, dass es Ihnen wie Schuppen von den Augen gefallen ist. Oder Sie mögen heimkehren und sich fragen, was das jetzt wohl gewesen sein mag und bedeuten soll. Beide Extreme und alle Schattierungen dazwischen sind möglich.

Nehmen Sie sich nach der Medizinwanderung Zeit für sich selbst, und tun Sie sich etwas Gutes! Ob das ein gutes, erdendes Essen ist, eine heiße Badewanne oder ein netter Abend mit Freunden, spielt dabei keine Rolle.

Nehmen Sie sich jedoch im Laufe der nächsten ein bis zwei Tage Zeit, aus dem Erlebten eine Geschichte zu formen. Sie können diese Geschichte aufschreiben, wofür Ihnen Ihre Notizen während der Medizinwanderung jetzt sehr gelegen kommen werden. Sehr schön ist es auch, wenn Sie jemanden haben, dem Sie diese Geschichte erzählen können. Dabei sollten Sie Folgendes beachten: Erzählen Sie Ihre Geschichte nur jemandem, der damit etwas anfangen kann und offen ist für das, was Sie erlebt haben. Wenn Sie wissen, dass die betreffende Person von Natur aus skeptisch ist, dann lassen Sie das lieber sein. Es geht mir nicht darum, Naturrituale nicht auch kritisch hinterfragen zu dürfen, ganz im Gegenteil. Aber das Erlebte, Ihre Geschichte, ist wie ein Samenkorn, das sich entwickeln wird. Und wahrscheinlich haben Sie selbst eh Ihre Zweifel: »Wie ist das gemeint? Ist das jetzt wirklich so passiert? Was soll ich damit anfangen?« Am besten ist es, wenn die Person, der Sie Ihre Geschichte erzählen, einfach nur aufmerksam zuhören kann. Das reicht schon. Auch ein wohlgemeintes Interpretieren Ihrer Geschichte ist oft nicht hilfreich und wird häufig als übergriffig empfunden. »Das Reh, das du da gesehen hast, bedeutet bestimmt, dass du … tun sollst!« ist so ein Beispiel. Die Antworten und Natursymbole gehören Ihnen. Was nicht heißt, dass es nicht spannend sein kann, wenn ein Freund/eine Freundin Anregungen oder Assoziationen hat, die Sie als Angebot verstehen können, Ihre Geschichte selbst zu deuten.

Unabhängig davon, ob Sie Ihre Geschichte niederschreiben, sie sich selbst oder einer anderen Person erzählen: Fassen Sie sich kurz. Aus Erfahrung kann ich sagen, dass das vielen Menschen sehr schwerfällt. Jedes Detail möchte erzählt werden, gerade dann, wenn man einen aufmerksamen Zuhörer hat. Es ist aber nicht wichtig, dass Sie jeden Gedanken, jede Wegbiegung, jeden umgedrehten Stein erwähnen. Wichtig ist, dass Ihre Geschichte alle wesentlichen, für Sie bedeutungsvollen Erlebnisse und Gedanken beinhaltet.

Wenn Sie von der Medizinwanderung zurückkommen und sofort verstehen, was die Antworten für Sie bedeuten: sehr schön. Und wenn Sie zurückkommen und das Ganze Sie ein Stück ratlos macht: auch sehr schön. Vertrauen Sie darauf, die richtigen Antworten, Ihre Medizin, erhalten zu haben, und lassen Sie dieser Magie ein paar Tage oder Wochen Zeit, sich zu entfalten.

Nachtrag

Die Medizinwanderung ist eine ganz fantastische Möglichkeit, sich regelmäßig mit der Natur zu verbinden. Neue Fragen mögen aufkommen, oder in Bezug auf bereits gestellte Fragen mag es neue Entwicklungen geben. Selbst wenn man nichts Dringendes auf dem Herzen hat, bin ich der Meinung, dass man mit der Frage »Was brauche ich jetzt, was tut mir in diesem Moment gut?« über die Schwelle gehen kann.

Sie werden feststellen, dass Sie die Sprache der Natur und damit die Antworten aus der Natur immer besser verstehen werden. Das erinnert vom Prinzip her vielleicht an eine Fremdsprache, an die man sich erst wieder gewöhnen muss. Die Natur spricht mit uns in Symbolen, und das intuitive Verständnis dieser Symbolsprache ist vielen von uns eben abhandengekommen.

Das innere Feuer

Ein Feuerritual

Jeder will für etwas brennen, sich begeistern. Aber wie findet man heraus, was das ist? Und wenn man dann für etwas brennt: Wie verhindert man das Ausbrennen, die Erschöpfung? Das Feuer ist eine Metapher für Energie, Begeisterung, Kreativität und Inspiration. Wenn man ein inneres Feuer hat, dann brennt man für etwas. Ist das innere Feuer erloschen, ist man ausgebrannt – »burn out«.

Auch wenn das Feuer praktisch aus unserem Alltag verschwunden ist, ist es immer noch tief in unserer menschlichen Psyche verankert. Über mehr als 500 000 Jahre lang hat das Feuer für unser Leben und Überleben eine wichtige Rolle gespielt: in Form von Schutz, Wärme und Gemeinschaft. Manche Forscher glauben, dass uns die Beherrschung des Feuers erst zu dem gemacht hat, was wir sind: Menschen. Denn die meisten Tiere meiden das Feuer, und kein Tier kann Feuer machen. Daraus erklärt sich die Faszination, die das Feuer für uns auch heute noch besitzt, und seine Kraft, unser Leben zu verändern.

Ablauf

Das Ritual »Das innere Feuer« ist eine Art Medizinwanderung, auf die Sie mit der Frage »Was brauche ich für mein inneres Feuer?« über die Schwelle gehen.

Mit dieser Schwelle öffnen Sie den Ritualraum und stellen sich darauf ein, durch die Beschäftigung mit dem echten Feuer mehr über sich selbst und Ihr inneres Feuer zu erfahren. Sie suchen in der Natur nach Zunder und weiterem Brennmaterial und entzünden anschließend Ihr eigenes (inneres) Feuer.

Vorbereitung

Zur Durchführung dieses Rituals brauchen Sie einen Ort, an dem Sie ein kleines Feuer entzünden können. Das kann im Garten sein oder auch an einem Grillplatz im Park oder Wald, nicht jedoch frei im Wald. Denn Feuer kann sich unterirdisch verbreiten, entlang von Wurzeln, Nadeln und im Laub verborgenen Ästen, und sich auch noch Wochen später neu entzünden. Man spricht dann von einem Schwelbrand. Deswegen ist es wichtig, nicht einfach im Wald nach Belieben Feuer zu machen. Es ist nicht nur verboten, sondern birgt auch die Gefahr, dass Sie unwillentlich einen Waldbrand auslösen und den Ihnen ans Herz gewachsenen Naturraum zerstören. Vor dem Entzünden eines Lagerfeuers sollten Sie sich deshalb genau über die örtlich geltenden Regelungen informieren, um Beschwerden und eventuelle Bußgelder zu vermeiden. Aber zum Glück gibt es in den meisten Wäldern offizielle Feuerstellen und Picknickplätze, die man ohne viel Aufwand nutzen kann. Wenn Sie eine kleine Feuerschale besitzen, wird die Durchführung dieses Rituals auch noch etwas leichter. Möchte man bei diesem Ritual ungestört sein, dann lohnt es sich, dieses auf einen Werktag oder auf einen Samstag zu legen.

Sie brauchen als Utensilien zum Feuermachen eventuell etwas Jutegarn, das Sie in jedem Kreativmarkt oder im Internet bekommen können, sowie einen Funkenschläger, den jedes Outdoorfachgeschäft verkauft. Streichhölzer oder Feuerzeuge sind für dieses Ritual tabu, das meine ich ganz ehrlich. Es soll schließlich im indigenen Verständnis, z. B. dem der Stämme Nordamerikas, ein »heiliges« Feuer sein.[*]

Ein Funkenschläger ist die moderne Variante der steinzeitlichen Technik, Feuer dadurch zu machen, dass man mit einem Stück Feuerstein (später Eisen) auf Pyrit (ein schwefelhaltiges Mineral) schlägt und dadurch Funken erzeugt. Die Handhabung des modernen Werkzeugs ist denkbar einfach: Man schabt mit einem Metallplättchen (oder der Rückseite eines Messers) an einem Magnesiumstäbchen und erzeugt dadurch Funken. Des Weiteren benötigen Sie noch ein Messer mit feststehender Klinge (!) für das Spalten von Holzscheiten, eine Flasche Wasser, um im Notfall das Feuer schnell löschen zu können sowie ein Notizheft und einen Stift.

Die Idee vom Feuer

Jedes Feuer beginnt mit der Idee, Feuer haben zu wollen. Das Feuer kann dabei Mittel und Zweck für ganz viele verschiedene Dinge sein: um Nahrung zuzubereiten, um Gegenstände herzustellen (z. B. Becher), um sich zu wärmen, um sich vor wilden Tieren zu schützen, um Gemeinschaft am Feuer zu erleben oder um sich meditativ ins Feuer zu versenken; um nur einige Beispiele zu nennen. Und das alles kann man natürlich auch sinnbildlich auf das eigene Leben übertragen: Es bietet uns (geistige) Nah-

---

[*] *Dieses Ritual verlöre seine Bedeutung, wenn Sie nach all der Vorbereitung und Ihrer Ritualarbeit zum Entzünden Ihres Feuers ein einfaches Streichholz benutzen würden!*

rung, ist Hilfsmittel, Schutz, Geborgenheit und steht für Kreativität, Inspiration etc.

Wozu also soll Ihr inneres Feuer Ihnen dienen?

Falls Ihnen dazu weder spontan noch nach einigem Nachdenken etwas einfällt, dann lassen sie sich doch auf eine Medizinwanderung ein, bei der die Natur Ihnen hilft, genau auf diese Frage Antworten zu finden.

Zunder suchen

An nächster Stelle steht im Prozess des Feuermachens der Zunder, also jenes Material, das aus einem Funken oder der Glut mithilfe Ihres Atems eine Flamme werden lässt. Zu diesem Teil des Funkenschlagens komme ich etwas später, wenn Sie alle Materialien für Ihr Feuer gesammelt haben. An dieser Stelle möchte ich aber betonen, dass das Funkenschlagen oder Glutreiben im sinnbildlichen Ablauf direkt auf die Idee vom Feuermachen folgt.

Zunder also. Sie können sich im Umfeld des Feuerplatzes auf die Suche nach Zunder machen, also nach sehr feinem und trockenem Material. Ich könnte an dieser Stelle einige Naturmaterialien auflisten, die dafür geeignet sind, möchte Ihnen aber Ihre Erfahrung des Suchens und Ausprobierens nicht nehmen. Denn auch im Leben braucht man viel Neugier, Geduld, Erfahrung und die Fähigkeit, mit Niederlagen umzugehen und aus diesen zu lernen, bevor aus einer Idee ein echtes inneres Feuer wird. Die Geschichte ist voll von berühmten Erfindern, Wissenschaftlern und erfolgreichen Unternehmern, die vor ihrem Durchbruch immer und immer wieder kläglich gescheitert sind, aus ihren Fehlern gelernt haben und dann etwas Großes vollbracht oder geschaffen haben.

Wenn Sie also im ersten Anlauf keinen guten Zunder finden, dann lassen Sie sich nicht entmutigen, sondern sehen Sie diese Erfahrung als Teil Ihres Naturrituals! Und sollte es mit dem Zunder so gar nicht klappen, dann können Sie auch etwas Jutegarn ganz fein aufdröseln, sodass sich ein echtes flauschiges Zunderkissen ergibt. Jutegarn ist im fein ausgedrehten und zerzupften Zustand ein hervorragender Zunder.

Wenn Sie nach Zunder suchen, dann beschäftigen Sie sich mit der Frage »Wie mache ich aus einem Funken eine Flamme? Wie wird aus meiner Idee etwas Konkretes? Wie manifestiere ich meine Wünsche und Ideen?« Nehmen Sie sich gern etwas Zeit, dabei Ihre Gedanken in einem kleinen Notizheft festzuhalten, selbst wenn es für den Moment »Gedankenfetzen« sind. Vielleicht zeigen sich Ihnen aber auch Bilder und Erinnerungen aus Ihrer Kindheit oder einfach nur Gefühle.

Der Zunder lässt später beim Entzünden aus Funken oder Glut eine Flamme erwachsen, sozusagen ein »Feuerbaby«. Und das nicht nur auf stofflicher, sondern auch auf bildlicher Ebene: Dieser Übergang vom Denken ins Handeln, diese Geburt Ihrer Idee oder Ihres Vorhabens, ist das, was der Zunder symbolisiert.

Anmachholz für das Feuerbaby suchen

Dieses Feuerbaby wird später Ihre ganze Aufmerksamkeit brauchen, damit es nicht sofort wieder erlischt. Sie müssen es nähren, und dazu brauchen Sie auf stofflicher Ebene kleine Stöcke, feine Ästchen und Reisig, also die trockenen Ästchen von Tannen und Fichten, die im unteren Stammbereich abgestorben am Baum sitzen, eventuell auch fein aufgespaltene Holzscheite. Im Wildnisbereich reden wir hier von »Anmachholz«, das die Brücke zwischen dem Zunder und den größeren Holzscheiten ist. Davon brauchen Sie ein ganzes Bündel, und während Sie sich auf die Suche danach in den Wald begeben, stimmen Sie sich auf symbolischer Ebene darauf ein. Fragen Sie sich, was dieses Material sinnbildlich für Sie bedeutet: Wenn Sie eine Idee in die Tat umsetzen, wie geht es dann normalerweise für Sie weiter? Fällt es Ihnen leicht, dranzubleiben und dafür zu sorgen, dass Ihr Projekt am Laufen bleibt und sich entwickelt? Oder wird es an diesem Punkt schwierig für Sie? Mit »Projekt« können sowohl ganz praktische Vorhaben wie eine Geschäftsidee oder eine Bewerbung gemeint sein (Feuer = Nahrung im Sinne von Geld), es kann sich aber auch auf ganz andere Dinge beziehen, wie z. B. die Entwicklung einer Beziehung (Feuer = Leidenschaft und eventuell Geborgenheit). Was nehmen Sie dabei in der Natur wahr, und was beschäftigt Sie im Innern?

Brennholz für das Feuerkind

Damit bin ich auch schon beim letzten zu sammelnden Material: Stöcke, Holzscheite, also gröberes brennbares Material.

Das mitgebrachte Messer können Sie einsetzen, um Holz weiter zu spalten, ohne eine Axt benutzen zu müssen, was viel gefährlicher wäre. Je feiner das Holz gespalten ist, desto mehr Oberfläche hat es und desto leichter brennt es. Stellen Sie einen Holzscheit senkrecht auf einen festen Untergrund, setzen Sie dann das Messer horizontal (also nicht mit der Spitze nach unten) so an, dass es den runden Durchmesser in der Mitte teilt, und benutzen Sie im Anschluss einen anderen Holzscheit, den Sie praktisch als Hammer einsetzen, indem Sie damit auf die Rückseite der Messerklinge schlagen.

Aus Ihrer Idee wird ein Funke, aus dem Funken mithilfe des Zunders eine Flamme, aus der Flamme durch das Anmachholz ein kleines Feuer. Und dieses kleine Feuer, nennen wir es »Feuerkind«, kann immer noch ausgehen, wenn Sie nun nicht mit gröberem und schwerem Material nachlegen. Um auf die sinnbildliche Ebene zurückzukehren: Wofür auch immer Ihr inneres Feuer brennen soll: Nun brennt es! Wie halten Sie es am Brennen? Fällt es Ihnen leicht oder schwer, Beziehungen und Freundschaften zu pflegen, sich im Beruf einzurichten, ohne auszubrennen, Ihre Träume auch gegen Widerstände zu verwirklichen?

An dieser Stelle benutze ich zum ersten Mal den Begriff »Ausbrennen«, weil wir damit jenen Erschöpfungszustand assoziieren, der auf ein langes und zehrendes Engagement folgt.

Lassen Sie mich dazu eine kleine persönliche Anekdote erzählen: Einen meiner Geburtstage habe ich meditativ und zurückgezogen in den norwegischen Wäldern verbracht. Ich hatte die Vorstellung, diese Geburtstagsnacht an einem schönen großen zu Feuer verbringen, die Stille und Erhabenheit der Natur zu genießen und es mir gut gehen zu lassen. Leider hatte ich etwas spät mit den Vorbereitungen begonnen, und zu Einbruch der Nacht hatte ich gerade einmal Zunder und Anmachholz gesammelt. Das war dann auch der Zeitpunkt, an dem es anfing zu nieseln. Ich entzündete mein Feuer. Es wurde ein schönes, großes Feuer, und weil es ja auch ein schönes, großes Feuer bleiben sollte, verbrachte ich den Großteil der Nacht damit, durch den dunklen und nasskalten Wald zu stolpern, immer auf der Suche nach brennbarem Material, während mein schönes, großes, wärmendes und behagliches Feuer kraftvoll vor sich hinbrannte; leider ohne dass ich besonders viel davon hatte. Irgendwann, gegen 2 oder 3 Uhr, gab ich den Kampf auf, setzte mich ans Feuer, das im zunehmenden Regen schnell kleiner wurde und erlosch, bevor ich mich in meinen gemütlichwarmen Schlafsack (und Biwaksack*) zurückzog.

....

*   *Ein Biwaksack ist ein einfacher Regenschutz für den Schlafsack.*

Die Lehren aus der Geschichte: Ein großes Feuer braucht sehr viel Aufwand, um es am Brennen zu halten, wenn man schlecht organisiert ist. Ein Feuer muss man außerdem gegen Wind und Wetter schützen, sonst ist man den Launen der Natur ausgesetzt. Und zuletzt: Wenn man einen Plan B hat, dann kann man eine Zeit lang auch gut ohne Feuer auskommen! All diese Erkenntnisse betreffen auch das innere Feuer: Große Projekte und intensives Engagement sind zehrend. Man muss eine gewisse Resilienz gegen die Widerstände des Lebens entwickeln und in der Lage sein, sich selbst vor zu viel Energieverlust zu schützen. Wenn man einen Plan B hat, dann ist das mögliche Scheitern keine absolute Katastrophe, und folglich empfindet man weniger Stress.

Nun haben Sie also: Zunder, Anmachholz und richtiges Feuerholz sowie viele Antworten auf Ihre Frage, was Ihr inneres Feuer braucht.

Das Feuer entzünden

Errichten Sie nun Ihr Feuer, von innen nach außen, mit dem Zundernest im Zentrum, um das Sie das Anmachholz oder das Reisig in Tipiform schichten, und an dieses Tipi lehnen Sie nun einige etwas dickere Äste oder Holzscheite.

Was zum Entzünden nun fehlt, ist der Funke oder die Glut. In vielen indigenen Kulturen sieht man im Feuermachen ganz ohne Scham einen Zeugungsprozess: Sie müssen sich dabei anstrengen, reiben oder zustoßen, damit das Samenkorn des Feuers, also die Glut oder der Funken, gelegt wird. Daraus entwickelt sich die erste kleine Flamme, das Feuerbaby, daraus das Feuerkind, und erst im Anschluss daran entsteht ein echtes, »erwachsenes« Feuer.

Wie jedoch bekommen Sie das hin, einen Funken oder eine Glut zu erzeugen?

Ein Funkenschläger oder -reiber ist mit ganz wenig Übung auch hervorragend dazu geeignet, ein Feuer zu entzünden, ohne dass Sie einen Wildnisbasiskurs absolvieren müssen. Vielleicht kommen Sie aber auch auf den Geschmack, sich intensiver mit dem Feuer beschäftigen zu wollen, beginnen sozusagen für dieses Thema zu brennen. Dann können Sie mit etwas Anleitung und Hilfe aus dem Internet oder tatsächlich in entsprechenden Kursen lernen, Feuer mit dem Drillbogen zu entzünden.

Aber zurück zum Funkenschläger: Wenn Sie nun bereit sind, Ihr Feuer zu entfachen, dann halten Sie noch einmal einen Moment inne. Sie haben einige Zeit darauf verwendet, im Wald Material zu sammeln und Ihr Feuer, das ja sinnbildlich für Ihr inneres Feuer steht, vorzubereiten, nun spüren Sie an dieser Schwelle zum Feuermachen ein weiteres Mal in sich hinein: Wie geht es Ihnen? Freuen Sie sich, sind Sie neugierig? Oder sind Sie eigentlich schon etwas erschöpft, und es fällt Ihnen schwer, überhaupt zu beginnen?

Wenn Sie bereit sind, dann nehmen Sie sich Ihren Funkenschläger. Reiben Sie mit dem Metallstück am Magnesiumstab. Auf diese Weise erzeugen Sie Funken und entfachen so Ihr Feuer! Schweigend oder singend, das ist Ihnen überlassen. Für viele Menschen ist dieser Moment, in dem man Feuer macht, etwas zutiefst Bewegendes, umso mehr, je anstrengender die Vorbereitung war.

Ich selbst war vor vielen Jahren nicht besonders talentiert, Feuer zu machen. Erst nach vielen Mühen, Blasen an den Händen sowie etlichen gescheiterten Versuchen gelang es mir endlich, Feuer mit dem Drillbogen zu machen. Es gab sogar Umstehende, die behaupteten, ich hätte im Moment, in dem aus der Glut eine Flamme wurde, Tränen in den Augen gehabt, was man aber natürlich auch auf den beißenden Rauch zurückführen könnte.

Reflexion

Sie haben es sofort geschafft, Ihr Feuer zu entzünden? Ganz herzlichen Glückwunsch! Sie haben es nicht geschafft? Dann ist auch das eine tolle Erfahrung, weil Sie viel über Ihr inneres Feuer gelernt haben! Was ich damit sagen will, ist, dass man bei diesem Ritual ganz unterschiedliche Erfahrungen machen kann, und alle sind wertvoll. Die einen glauben, dass ihnen im Leben nichts gelingt, und dann erleben sie, wie einfach und mit was für einer großen Leichtigkeit es ihnen gelingt, Feuer zu machen. Und die anderen tun sich mit ihrem inneren Feuer schwer, machen deswegen dieses Ritual und stellen dann ebenso beim echten Feuermachen fest: Das klappt auch nicht. Vergessen Sie nicht, dass Sie jenseits der Schwelle in Ihrem Ritualraum sind und dass alles, was hier geschieht, für Sie auf symbolischer Ebene von Bedeutung ist.

Falls es mit dem Feuermachen nicht beim ersten Anlauf klappt: Was hat denn nicht funktioniert? Lag es am Zunder, also an der Umsetzung von der Idee in die Tat? Ist das Feuer erloschen, bevor das Anmachholz sich entzünden konnte? Lag das »Scheitern« also in dieser ersten Phase, wenn aus Begeisterung etwas wird, um das man sich kümmern muss, das viel Aufmerksamkeit, Achtsamkeit und auch Mühe bedeutet? Oder waren es Ihre Holzscheite, die allzu schnell, z. B. im einsetzenden Regen, wieder ausgegangen sind? Wie schützen Sie dann Ihr (inneres) Feuer? Vor wem oder vor was schützen Sie es? Wie können Sie es sich einfacher machen, Ihr Feuer am Brennen zu halten, ohne dabei auszubrennen?

Diese und ähnliche Fragen mögen Ihnen beim Feuermachen begegnen. In dem Maße, in dem Sie bei der praktischen Arbeit des Feuermachens Erkenntnisse gewinnen, erhalten und finden Sie auch Ihre eigenen Antworten in Bezug auf übertragene Themen, egal, ob beruflich oder privat.

Sie werden z. B. einen Weg finden, Ihr Feuer vor Regen zu schützen, und diese Erfahrung wird Ihnen Anregungen und Ideen dafür geben, wie Sie sich vor dem Ausbrennen bei Ihren Projekten, im Beruf oder im Privatleben, schützen können.

Verzagen Sie nicht, nehmen Sie sich Zeit für sich und das Feuer. Es ist eine Erfahrung, für die es sich lohnt, zu brennen.

Weitere Anregungen

Wie viel Zeit Sie an Ihrem Feuer verbringen, ist ganz Ihnen überlassen. Es ist ein tolles Erlebnis, ein Feuer auch über einen längeren Zeitraum zu unterhalten, sich ans Feuer zu setzen und in die Flammen zu schauen. Es ist aber auch völlig in Ordnung, ein ganz kleines Feuer zu entfachen und dieses schon nach wenigen Minuten wieder erlöschen zu lassen. Falls Sie sich für letztere Alternative entscheiden, dann reicht es, neben dem Zunder und dem sehr feinen Material wie Birkenrinde oder Reisig nur einige dünne Ästchen als Anmachholz zu suchen.

Sie können an Ihrem Ritualfeuer ebenso eine geschützte Kerze, z. B. ein Grablicht, entzünden und diese mit nach Hause nehmen. Weitere Möglichkeiten sind, Freunde ans Feuer einzuladen und das Feuer tatsächlich dazu zu benutzen, etwas darüber zu grillen oder sich daran zu wärmen.

Sie sollten dann aber vorher genug Zeit haben, allein Abschied von Ihrem Feuer als Ritual zu nehmen und den Ritualraum über die Schwelle wieder zu verlassen.

Das Ende des Rituals

Wenn Sie meinen, dass es an der Zeit ist, das Ritual zu beenden, verabschieden Sie sich von Ihrem Feuer, und löschen Sie es. Beim Löschen kann es stimmig sein, das Feuer zuerst etwas herunterbrennen zu lassen und am Ende die glühende Asche mit Wasser zu löschen, anstatt die Flasche mit dem Wasser über das lodernde Feuer zu gießen (was sowieso nicht ausreichen würde, wenn das Feuer etwas größer ist). Stellen Sie in jedem Fall ganz sicher, dass das Feuer auch wirklich komplett erloschen ist und dass es keine glühende Asche mehr gibt!

Verlassen Sie dann den Ritualraum wieder über Ihre Schwelle, die Sie extra zu diesem Zweck neu errichten und anschließend wieder zerlegen.

Nachtrag

Wenn Sie nach Material für das Feuer suchen, egal, ob Zunder oder Holz, achten Sie darauf, keine lebenden Pflanzen zu beschädigen. Erstens ist es verboten, und zweitens brennt das Material sowieso nicht, weil es innen feucht ist. Häufig findet man im Wald genug totes Material für ein Feuer. Gerade die abgestorbenen und trockenen Ästchen im untersten Teil von Nadelbäumen eignen sich dafür.

Die Kraft der Symbole
Naturritual zum Wünschen

In »Die Kraft der Symbole« geht es darum, sich etwas Neues für das eigene Leben zu wünschen, es einzuladen. Natürlich könnte man denken, dass man dafür kein Ritual braucht. »Ich wünsche mir mehr Geld«, kann ich sagen, und fertig. Ob aber dadurch auch mehr Geld ins eigene Leben kommt? Wie in jedem Naturritual ist das Entscheidende, den Übergang von etwas Altem zu etwas Neuem zu gestalten. Vielleicht wünschen Sie sich, eine mutigere Person zu werden. Ihre alten Verhaltensmuster mögen aber auf Sicherheit und Angstvermeidung programmiert sein. Deshalb möchten Sie durch das Naturritual eine echte und tiefe innere Veränderung in Gang setzen, die sich dann auch in Ihrem Leben manifestiert.

Ablauf

In diesem Ritual schaffen Sie ein Symbol für Ihren Wunsch, füllen diesen Wunsch mit Energie und Freude und lassen ihn anschließend los, damit er sich in der Welt verwirklichen kann. Sie stärken damit Ihre Bereitschaft, Neues in Ihr Leben einzuladen, und senden Ihre Wünsche in die Welt hinaus.

Vorbereitung

Was wünschen Sie sich? Was möchten Sie in Ihrem Leben verändern? Konzentrieren Sie sich auf einen Wunsch, und vermeiden Sie Aufreihungen (»Ich will stärker, schöner und weiser sein! Ach ja, und reicher!«). Versuchen Sie, diesen Wunsch in einem Satz klar zu formulieren, und überprüfen Sie, ob sich dieser Wunsch für Sie stimmig anfühlt. Ein Wunsch kann »unehrlich« sein, wenn Sie sich nicht trauen, ihn so zu formulieren, wie sie ihn sich wirklich vorstellen. Er kann zu klein sein, vielleicht durch falsche Bescheidenheit (»Ich wünsche mir, ab und zu einmal ein kleines bisschen selbstsicherer zu sein!?«), oder zu groß und unrealistisch (»Ich wünsche mir, nie wieder in meinem Leben Angst zu haben!«). Natürlich kann man sich wünschen, was man will, man sollte aber ein Gefühl dafür entwickeln, ob man einen wirklichen Herzenswunsch formuliert, an dessen Erfüllung man glauben kann. Letztendlich hilft einem dabei die alte Weisheit, dass man sich immer achtsam überlegen sollte, was man sich wünscht, denn einen Wunsch, der in Erfüllung geht, kann man nicht mehr zurücknehmen. Das Leben geht manchmal seltsame und unvorhergesehene Wege, um unsere Wünsche zu erfüllen.

Ich möchte Sie dazu ermutigen, verantwortungsvoll mit Ihren Wünschen umzugehen. Jemand, der sich Mut wünscht, mag mit seinen Ängsten konfrontiert werden, jemand, der sich Kraft wünscht, mit seinen Schwächen usw.

Ein Symbol für Ihren Wunsch

Gehen Sie in die Natur, und errichten Sie Ihre Schwelle. Bevor Sie diese überschreiten, machen Sie sich noch einmal klar, worum es geht und was Ihr Wunsch ist. Sprechen Sie ihren Wunsch in einem Satz klar aus, und überschreiten Sie dann die Schwelle. Finden Sie anschließend einen Ort, an dem Sie einige Zeit ungestört sein können, z. B. eine Waldlichtung oder eine Talsenke. Dann kommen Sie erst einmal an: Setzen Sie sich auf einen

Stein, lehnen Sie sich an einen Baum, oder legen Sie sich ins Gras. Machen Sie Ihren Kopf frei, und nehmen Sie die Natur um sich herum wahr. Nehmen Sie sich etwas Zeit für sich, und genießen Sie es, in der Natur zu sein. Wenn Sie sich bereit dazu fühlen, konzentrieren Sie sich auf Ihren Wunsch, und spüren Sie einen Moment in sich hinein, wie sich das, was Sie sich wünschen, anfühlen würde, wenn es in Ihr Leben käme. Auf das Beispiel mit dem Mut bezogen: Stellen Sie sich eine Situation vor, die Ihnen bisher Angst gemacht hat und auf die Sie anders reagiert haben, als Sie sich das wünschen. Dann stellen Sie sich vor, wie es wäre, in der gleichen Situation besonders mutig zu sein. Vielleicht ist es Ihr Chef, vor dessen Tiraden Sie den Blick auf den Boden gerichtet und dem Sie klein beigegeben haben, obwohl Sie sich keiner Schuld bewusst waren. Wie wäre es, mit geradem Rücken vor ihm zu stehen, ihm in die Augen zu schauen und ihm ebenso klar wie selbstsicher zu erklären, dass es nicht Ihr Fehler war und Sie grundsätzlich nicht gern angeschrien werden. (Anmerkung: Hier sieht man, dass Mut auch mit Souveränität und Selbstsicherheit zu tun haben kann.) Was würden Sie sagen? Wie würden Sie sich dabei fühlen? Nervös? Wahrscheinlich. Lampenfieber schließt Mut ja nicht aus, im Gegenteil. Stellen Sie es sich so vor, dass Sie die Situation zu Ihrer Zufriedenheit meistern. Wenn es passt, nehmen Sie die anderen Sinne hinzu: Was hören Sie, was riechen Sie, was spüren Sie, was schmecken Sie? Machen Sie diese Vorstellung so lebendig und klar wie möglich. Nehmen Sie sich Zeit dafür. Jetzt wissen Sie, was Sie sich wünschen, und Sie wissen auch, wie es sich anfühlen soll, wenn Ihr Wunsch wahr geworden ist. Sie haben in Ihrem Bewusstsein diese Vision von Ihrem neuen Leben geschaffen, eine neue Vision davon, wie Sie selbst sein möchten. Was fehlt, ist, ein Symbol zu erschaffen, das Sie an Ihr Unterbewusstsein senden können, damit es sich dort manifestiert. Im Gegensatz zu »Stein & Feder« geht es nun darum, dieses Symbol selbst zu erschaffen und nicht darum, einen Gegenstand zu suchen.

Ihrer Fantasie sind keine Grenzen gesetzt, wenn Sie Ihr Symbol erschaffen. Sie können z. B. ein Symbol mit einem Stock in den Boden ritzen oder aus Naturgegenständen ein Symbol auf den Boden legen. Eine weitere Möglichkeit besteht darin, das Symbol in einen Stab zu ritzen. Sie können auch von zu Hause Papier und Stift mitbringen, um das Symbol auf das Papier zu zeichnen.

Das Symbol sollte auf keinen Fall einen offensichtlichen Bezug zu Ihrem Wunsch haben, also z. B. kein Herz sein, wenn Sie sich mehr Liebe im Leben wünschen. Wählen Sie ein abstraktes, selbst kreiertes Symbol, und folgen Sie dabei Ihrer Intuition. Es gibt kein Richtig oder Falsch, sondern nur ein Stimmig oder Unstimmig.

Da ist es nun, Ihr Symbol für Ihren Wunsch, z. B. in den Sandboden vor Ihnen gezeichnet. Der nächste Schritt ist, das Symbol mit Ihrem Wunsch zu verbinden. Konnten Sie sich bereits während des Erschaffens des Symbols ganz auf Ihren Wunsch konzentrieren? Dann haben Sie diesen Schritt bereits vollzogen. Wenn nicht, dann nehmen Sie sich einen Moment Zeit,

Ihr Symbol zu betrachten und sich auf Ihren Wunsch zu fokussieren. Sie können sich vorstellen, wie Ihr Wunsch in den Gegenstand übergeht, z. B. als Lichtkugel. Sie können Ihre Hände über den Gegenstand legen und den Wunsch so »hineinlegen«. Und Sie haben auch wieder die Möglichkeit, kreativ zu sein, z. B. zu singen oder zu tanzen, still oder laut, bewegungslos oder aktiv etwas zu tun, das Ihren Wunsch mit Ihrem Symbol verbindet. Wie lange mag das dauern? Von ein paar Sekunden bis zu ein paar Stunden ist alles möglich. Schauen Sie, was für Sie passt, was Sie und was Ihr Wunsch brauchen.

Den Wunsch loslassen

Ihr Symbol muss im Anschluss aufgelöst werden oder sich auflösen. Sie können z. B. das in den Sand gezeichnete Symbol verwischen. Oder einen Gegenstand, z. B. das Papier mit dem aufgezeichneten Symbol, verbrennen (Achtung: Naturschutzbestimmungen unbedingt beachten, gerade im Wald!). Oder ihn vergraben. Oder ihn in die Luft werfen (eine Handvoll Staub z. B.). Sie können Ihren Wunsch einem der Elemente anvertrauen, vorzugsweise dem Element, zu dem der Wunsch passt. (Wozu könnte Mut passen? Vielleicht zum Feuer? Oder zur Erde, zu Standhaftigkeit und innerer Verwurzelung?) Ich lasse das Symbol gern von der Natur selbst auflösen. Am Meer kann das die Flut tun, im Wald kann der nächste Regen Ihr Symbol fortwaschen oder der Wind den feinen Sand verwehen. Dieser natürliche Auflösungsprozess sollte aber innerhalb von einigen Stunden stattfinden und nicht Tage oder Wochen dauern.
Damit ist dieses Ritual eigentlich beendet, aber …

Nachbereitung

Der zweite ganz wichtige Aspekt des Rituals ist vielleicht auch der schwierigste Teil: Vergessen Sie Ihren Wunsch. Vergessen Sie, dass Sie dieses Ritual gemacht haben und wozu.

In der Literatur gibt es eine ganze Anzahl von Büchern zum Thema »Wünschen«. Nicht wenige Autoren empfehlen, den Wunsch immer wieder, z. B. jeden Abend vor dem Einschlafen, zu visualisieren. Ich halte nichts davon und bin der Meinung, dass man Wünsche loslassen muss. Es liegt in der Natur des Wünschens, dass sich der Wunsch erfüllen kann oder auch nicht. Alles andere sind Erwartungen, also die Vorstellung, dass etwas zu geschehen hat. Wenn Sie bereit dazu sind, die Erfüllung Ihres Wunsches freizustellen, also egal, wie wichtig Ihr Wunsch für Sie ist, sagen zu können: »Ich bin dankbar, wenn mein Wunsch in Erfüllung geht, und ich akzeptiere es, wenn er (jetzt) nicht erfüllt wird«, dann lassen Sie ihn los.

Ein Teil dieses Loslassens hat bereits stattgefunden, als Sie Ihr Symbol aufgelöst haben. Nun ist es wichtig, diesen Weg konsequent zu Ende zu gehen und Ihren Wunsch zu vergessen. »So ein Unsinn«, mögen Sie sagen, »ich kann doch nicht vergessen, was ich mir gewünscht habe.« Doch, können Sie. Es ist sogar einfacher, als Sie denken. Jedes Mal, wenn Sie sich fragen, wofür Sie dieses Ritual gemacht haben, sagen Sie sich: »Ich habe keine Ahnung.« Jedes Mal, wenn Sie an Ihr Symbol denken und sich fragen, wofür es steht, sagen Sie sich: »Ich weiß es nicht mehr«. Aus diesem Grund soll das Symbol auch abstrakt sein, sodass Sie nicht automatisch an Ihren Wunsch erinnert werden, wenn Sie an Ihr Symbol denken. Im Laufe der Zeit, also nicht von jetzt auf gleich, wird Ihr Wunsch in Vergessenheit geraten und in Ihrer Erinnerung verblassen. So befreit er sich, und so kann er in Erfüllung gehen.

Nachtrag

Haben Sie Geduld, mindestens ein paar Wochen lang. Da Sie den Wunsch ja vergessen sollen, können Sie auch nicht sagen: »Hat nicht geklappt. Ich versuche es jetzt noch einmal.« Ich bin der Meinung, dass sich Ihr Wunsch dann entfalten wird, wenn Sie dazu bereit sind. Das Ritual dazu haben Sie jetzt gemacht.

Lebensfreude
Ein Wasserritual

Dieses Naturritual soll einfach Freude machen. Selbsterkenntnis, Arbeit an den eigenen Themen und Selbstheilung können ganz schön anstrengend sein, auch wenn ich der Meinung bin, dass all das es wert ist. Nehmen Sie sich jedoch auch die Zeit, einfach nur Kraft und Lebensfreude zu tanken: Genau dafür eignet sich dieses Naturritual.

Ablauf

Beim Ritual »Lebensfreude« erleben Sie die kindliche Freude und Faszination, die man erfährt, wenn man sich ganz in das Spiel und den Fluss eines kleinen lebendigen Bachlaufs vertieft.

Vorbereitung

Was Sie brauchen, ist ein Tag mit gutem Wetter und einen Bachlauf. Vielleicht kennen Sie bereits einen sich windenden Bach in Ihrer Nähe: Falls nicht, können Sie im Internet recherchieren, eine Karte der Umgebung zur Hand nehmen oder einen guten Freund nach einem Tipp fragen, um nur einige Ideen zu nennen.

Führt ein (Wander-)Weg am Bach entlang, dann kann es Sinn ergeben, für dieses Ritual einen Sonn- oder Feiertag zu vermeiden, um nicht ständig anderen Spaziergängern zu begegnen. Alles bereit, kann es losgehen?

Am Bach

Beginnen Sie doch damit, ganz in der Nähe des Bachlaufes einen Moment innezuhalten und die Wasseroberfläche zu betrachten. Sie werden sehen, wie das Wasser im Sonnenlicht glitzert. Wie hört sich der Bach an dieser Stelle an? Was treibt im Wasser: z. B. Blätter oder Stöcke? Was blüht und duftet eventuell am Ufer? Schauen Sie sich die Wasseroberfläche genau an: Erkennen Sie die ganz feinen, eleganten Strömungswellen? Wo schäumt es, wo quillt das Wasser auf, und wo ist es still? Versuchen Sie, die Strömung zu lesen und sich vorzustellen, wohin das Wasser Sie führen würde.

Folgen Sie dann dem Bachlauf. Einen Weg am Ufer entlangzugehen ist einfach, aber es macht auch viel Spaß, einem Bach zu folgen, an dem kein solcher Weg entlangführt. Vielleicht können Sie sogar stellenweise durch den Bach waten. (Seien Sie vorsichtig, denn es kann glitschig sein.) Vielleicht müssen Sie an manchen Stellen den Bach verlassen, weil die Umgebung zu unwegsam oder zu dicht bewachsen ist. Lassen Sie sich vom Bach mit auf seine Reise nehmen, und nehmen Sie sich die Zeit, immer wieder an besonders schönen Stellen zu verbleiben und sich auszuruhen.

Im Laufe der Zeit werden Sie merken, wie leicht und freudvoll die Stimmung wird. Ich lade Sie auch zum Spielen ein: Wie wäre es, den Bach zu überqueren? Oder auf einem dicken, tief hängenden Ast so weit zu rutschen, dass Sie die Füße ins Wasser baumeln lassen können? Gibt es vielleicht Stellen, an denen Sie den Bach mit ein paar Steinen etwas aufstauen oder den Lauf leicht verändern können? (Achten Sie dabei bitte darauf, vor dem Weitergehen alles wieder in seinen ursprünglichen Zustand zu versetzen.) Gibt es Schmetterlinge oder Libellen, in deren Flug Sie sich vertiefen können? Steht vielleicht ein Reiher im Bachlauf auf der Jagd nach Fischen? Verlieren Sie sich im Detail, in all den Kleinigkeiten, die diesen Bachlauf so lebendig machen, und nehmen Sie sich die Zeit, jedem einzelnen dieser Details Ihre volle Aufmerksamkeit zu schenken. Falls Sie der Gedanke beschleicht, dass es etwas kindisch sein könnte, auf einen Stamm zu robben, das Wasser zu stauen oder sich in den Flug einer Libelle zu vertiefen: Es ist in jedem Fall sehr kindlich. Genau das ist der Sinn der Sache. Dieser Bachlauf ist der Ort unserer Kindheit: Lassen Sie diesen Tag, wenn möglich, kindlich unbeschwert sein. Betrachten Sie den Bachlauf mit der Neugierde und Faszination eines Kindes. Haben Sie einmal gesehen, wie sehr sich ein Kind ganz auf eine Sache konzentrieren kann und alles um sich herum ausblendet? Machen Sie es in diesem Naturritual genauso, und lassen Sie Ihrem Spieltrieb freien Lauf.

Nachbereitung

»Das soll ein Ritual sein?«, mögen Sie sich fragen. Ja, natürlich. Rituale müssen nicht immer schwer und anstrengend sein, obwohl manche Naturrituale einfach an die Substanz gehen und deswegen als herausfordernd empfunden werden können.

Mit den meisten anderen in diesem Buch beschriebenen Ritualen verfolgt man ein klares Ziel: etwas loslassen wollen, Frieden schließen, Antworten auf Fragen finden und vieles mehr. Der Fokus, die Anstrengung, die Bereitschaft, Zeit und Energie zu investieren, sind auf dieses Ziel ausgerichtet. In diesem Ritual ist der Weg das Ziel, und das achtsame In-der-Natur-Sein ist Selbstzweck. Schaffen Sie sich in diesem Lebensfreude-Naturritual diesen Raum, in den Sie bei Bedarf immer wieder eintauchen können. Wasser und Feuer haben die Eigenschaft, dass man sich ganz in sie vertiefen kann. Dadurch bringen sie uns aus den kreisenden Gedanken der Vergangenheit oder aus den Sorgen um die Zukunft zurück ins Hier und Jetzt und lassen viele Probleme aus dieser neuen, natürlichen Perspektive kleiner und unbedeutender erscheinen.

Für dieses Naturritual braucht es keine besondere Nachbereitung. Sie können das Wasserelement nachwirken lassen, indem Sie z. B. abends ein erfrischendes Bad nehmen oder sich in einer Hängematte schaukeln lassen.

Stein & Feder

Ein Ritual zum Loslassen

»Stein & Feder« ist ein Ritual zum Loslassen und Abschiednehmen. Dazu können unliebsame Dinge, Verhaltensweisen, Situationen oder Einstellungen gegenüber Personen gehören. Vorsicht ist geboten, wenn man als negativ oder schmerzhaft empfundene Gefühle loswerden will, denn loslassen kann man nur das, was man selbst besitzt. In vielen Fällen besitzen wir jedoch unsere Angst, Wut oder Trauer nicht, sondern wenden uns lieber von dem ab, was uns wehtut. Dadurch, dass wir im Naturritual »Stein & Feder« nach einem Gegenstand suchen, der das Loszulassende symbolisiert, setzen wir uns auch mit unseren negativen Empfindungen auseinander und lernen diese kennen. Wir begegnen unserer Angst, unserer Wut und unserer Trauer. Im Annehmen dieser Gefühle steckt das Potenzial, diese loslassen zu können.

Es ist auch möglich, unliebsame Verhaltensweisen, z. B. Suchtverhalten wie Rauchen oder Trinken, loszulassen. Auch in diesem Fall sucht man nach einem Gegenstand, der das Loszulassende symbolisiert, und man setzt sich mit dem eigenen Verhältnis zum Thema auseinander, bevor man es loslassen kann. Wer weiß, wozu einem das Suchtverhalten dient, welchen (vermeintlichen) Zweck es hat oder hatte, bevor es zur Gewohnheit wurde.

Zwar kann man im eigentlichen Wortsinn keine Personen loslassen, sich aber von diesen verabschieden. Darum geht es im Ritual »Sterbehütte« (s. S. 100). Was man jedoch loslassen kann, sind die Gefühle in Bezug auf eine Person oder eine Gruppe von Personen. Dazu muss man sich aber genau mit dem eigenen Verhältnis einschließlich aller Gefühlsaspekte zu dieser Person bzw. Gruppe auseinandersetzen.

Man sollte darauf vorbereitet sein, dass es neben der Absicht, etwas loslassen zu wollen, auch Aspekte gibt, die dazu führen, dass man nicht loslassen möchte. Denn ansonsten würde es gar kein Festhalten und Anhaften geben. Dieser Aspekt des »Nicht-loslassen-Wollens« kann entweder recht offensichtlich oder unbewusst sein.

Fühlt sich während des Rituals etwas für Sie nicht stimmig an, legen Sie lieber eine Pause ein, und machen Sie gegebenenfalls an einem anderen Tag weiter. Den Gegenstand, den Sie gefunden haben, können Sie für diesen Zweck mit nach Hause nehmen oder an einem sicheren Ort in der Natur zurücklassen bzw. verstecken.

Ablauf

Das eigentliche Ritual besteht aus drei Phasen:

- ∞ Erste Phase: einen Gegenstand suchen und finden, der das Loszulassende symbolisiert
- ∞ Zweite Phase: diesen Gegenstand mit allen Sinnen wahrnehmen und kennenlernen, um das Verhältnis zum eigentlichen Thema zu klären
- ∞ Dritte Phase: sich von dem Gegenstand verabschieden und ihn auf eine stimmige Art und Weise zurücklassen

Suchen & Finden

Zu Beginn des Rituals errichten Sie, wie in der Einführung beschrieben, Ihre Schwelle. Stellen Sie sich dabei die Frage: Worum geht es, was soll losgelassen werden? Es reicht, wenn Sie die Antwort an Ihrer Schwelle zu diesem Ritual in einem einfachen Satz zusammenfassen können, wie z. B.: »Ich möchte nach der schwierigen Trennung von meinem Partner meine Wut und meine Vorwürfe loslassen!« Nach dem Übertreten der Schwelle begeben Sie sich auf die Suche nach einem Gegenstand, der das Loszulassende symbolisiert. Vielleicht haben Sie bereits eine konkrete Vorstellung oder eine Intuition, wie dieser Gegenstand aussehen könnte, vielleicht sind Sie auch komplett offen für das, was Ihnen begegnen könnte. In jedem Fall ist es nützlich, die Möglichkeit zuzulassen, dass der Gegenstand nicht so aussieht, wie man ihn sich vorgestellt hat.

In dieser Phase ist die Anwendung von Übungen, die die Wahrnehmung und Perspektive verändern, z. B. »Fuchsgang & Eulenblick«, sinnvoll. Vielleicht finden Sie Ihren Gegenstand, während Sie sich langsam im Fuchsgang durch den Wald bewegen oder wenn Sie Ihre Umgebung mit dem Eulenblick wahrnehmen. Bis zum Finden eines Gegenstandes können Minuten oder Stunden vergehen, das spielt keine Rolle. Gegebenenfalls können Sie diesen Teil des Rituals an einem Tag durchführen und es an einem anderen Tag fortführen. Finden Sie auch nach stundenlangem Suchen gar keinen Gegenstand, was meiner Erfahrung nach aber sehr selten geschieht, führt das ebenfalls zu einer wichtigen Erkenntnis. In diesem Fall sollten Sie sich fragen, warum Sie keinen Gegenstand finden, der das Loszulassende symbolisiert. Zur Klärung dieser Frage bietet sich auch eine Medizinwanderung an.

In den meisten Fällen findet sich jedoch ein Gegenstand, »Ihr« Gegenstand. Dabei ist es egal, ob es sich um Stein, Feder, Ast, Zweig, Blatt, Zapfen, Knochen etc. handelt. Ja, es kann sogar ein Zivilisationsgegenstand sein, etwa eine zerbeulte Blechbüchse, die als Müll im Wald gelandet ist. Wenn Sie sich nicht sicher sind, ob es sich wirklich um den »richtigen« Gegenstand handelt, können Sie trotzdem zum nächsten Schritt übergehen und eventuell zum Suchen und Finden zurückkehren. Das Verhältnis zum Gegenstand sollte sich stimmig anfühlen, Zweifel können aber bleiben.

Wahrnehmen & Kennenlernen

Nachdem Sie einige Zeit durch die Natur gewandert sind und Ihren Gegenstand gefunden haben, bietet sich nun die Gelegenheit, ein ruhiges Plätzchen aufzusuchen und den Fund genauer zu betrachten. Vielleicht drehen Sie ihn in den Händen und schauen ihn sich genau an, oder Sie legen ihn etwas entfernt von sich weg, um die Distanz zu wahren, gerade so, wie es passt. In jedem Fall lohnt es sich, den Gegenstand nicht nur zu betrachten, sondern auch zu berühren und zu riechen, ihn also mit allen Sinnen wahrzunehmen. Und dabei in sich hineinzuspüren: »Wie fühlt sich das an?« »Was löst das in mir aus?« Das können Gefühle wie Trauer oder Wut, Enttäuschung oder Angst, aber auch einfach nur Erschöpfung, vielleicht sogar Neugierde, (Wiedersehens-)Freude, Ekel oder Abneigung sein. Die Liste ließe sich weiter fortsetzen. Wenn Sie diese Gefühle zuerst einmal zulassen können, ohne sie zu bewerten, dann sind Sie einen guten Schritt weitergekommen. Vielleicht entspinnt sich sogar ein Dialog mit dem Gegenstand.

Vielleicht stellen Sie sich eine oder mehrere der folgenden Fragen, wenn Sie Ihren Gegenstand gefunden haben:

- Wie würde sich eine Welt ohne diesen Gegenstand anfühlen?
- Wodurch unterscheidet sich der Stein/der Zweig/der Knochen von anderen Steinen/Zweigen/Knochen?
- Wie stellen Sie sich den Berg/den Baum/das Tier vor, zu dem der Gegenstand gehörte?
- Was sagt der Gegenstand über Sie aus?
- Was mögen Sie an diesem Gegenstand?
- Was macht Sie an dem Gegenstand wütend/traurig? Was ekelt Sie an?
- Wie wäre es, wenn ein anderer diesen Gegenstand besitzen würde?
- Wozu benötigen Sie den Gegenstand?
- Wie würden Sie diesen Gegenstand verändern, wenn Sie es könnten?

Es sollte nicht der Eindruck entstehen, dass lediglich die letzte Phase, das tatsächliche Loslassen, das eigentliche Ritual ist. Suchen, Finden und Auseinandersetzung mit dem Gegenstand gehören bereits zum Ritual und sollten entsprechend gestaltet werden.

Wenn der Zeitpunkt kommt, an dem Sie sagen »Ja, jetzt kann ich den Stein/die Feder/den Knochen (etc.) loslassen«, dann schließt sich als letzte Phase das eigentliche Abschiedsritual an.

Loslassen

Loslassen, wie macht man das? Das ist manchmal gar nicht so einfach. Auch hier sollten Sie sich von Ihrer Intuition leiten lassen. Im Idealfall gehört zum Abschiednehmen, dass Sie Ihren Frieden mit dem, was Ihr Gegenstand für Sie symbolisiert, machen können.

Dazu gehört, zu vergeben und/oder um Verzeihung zu bitten und vielleicht seinen Dank zum Ausdruck zu bringen. Für den Fall, dass Sie auch am Ende des Rituals kein Quäntchen Vergebung, Dankbarkeit, Zuneigung oder gar Liebe für das Loszulassende empfinden, können Sie den Gegenstand auch wegwerfen, zerschmettern, verbrennen, im Wasser versenken etc. Oder Sie können den Gegenstand mit nach Hause nehmen, auf Ihren Nachttisch stellen und ihn Sie so eine Weile durch Ihr Leben begleiten lassen. Vielleicht verändert sich im Laufe der Zeit Ihre Einstellung zu Ihrem Gegenstand.

Ihre Gefühlslage in Bezug auf den Gegenstand und damit in Bezug auf das Loszulassende wird sich irgendwo zwischen Versöhnung und Dankbarkeit am einen Ende der Skala und Wut oder Hass am anderen Ende bewegen. Erfahrungsgemäß erhöht die Tendenz zu Ersterem die Wahrscheinlichkeit, dieses Thema mit diesem Ritual auch tatsächlich abschließen zu können.

Praktisch kann das Loslassen des Gegenstandes verschiedene Formen annehmen: Sie können diesen an einem Ort intakt zurücklassen, ihn zwar unversehrt lassen, aber »unsichtbar« machen (z. B. indem Sie ihn vergraben oder im Wasser versenken) oder ihn zerstören. Abhängig vom Material können Sie den Gegenstand auch im Einklang mit Brand- und Naturschutzbestimmungen verbrennen (s. S. 17) In der Definition des Begriffs »Ritual« ist der Aspekt der Feierlichkeit von Bedeutung. Wie sich diese Feierlichkeit während des eigentlichen Rituals des Loslassens und Abschiednehmens ausdrückt, ist jedoch ganz individuell Ihnen überlassen. Sie können z. B. in Stille danken, eine laute Abschiedsformel sprechen, singen, trommeln oder tanzen.

Wenn Sie den Gegenstand zurückgelassen haben, gilt es noch, einen passenden Abschluss für das Ritual zu finden. Dieser kann darin bestehen, Ihren Dank zum Ausdruck zu bringen, z. B. für die Unterstützung durch Gott/Göttin/Geister/Ahnen/Engel/den eigenen Mut, und einen Moment in der Stille zu bleiben und in sich hineinzuspüren, wie Sie sich fühlen. Das Naturritual ist abgeschlossen, wenn Sie eine Schwelle errichtet und überschritten haben, hinaus aus einer Welt, in der Raum für Ihr Naturritual war, und zurück in Ihre Alltagswelt.

Nachbereitung

Wie werden Sie sich nach diesem Ritual fühlen? Das kann sehr unterschiedlich sein. Manche Menschen sind einfach erleichtert, andere traurig. Wenn man mehrere Stunden in der Natur war und sich intensiv mit einem schwierigen persönlichen Thema auseinandergesetzt hat, ist man wahrscheinlich ganz schön erschöpft und fertig. Das ist auch völlig nachvollziehbar. Ich empfehle Ihnen, die Nachbereitung erst einmal ruhig angehen zu lassen und sich selbst etwas Gutes zu tun. Ob das ein Entspannungsbad mit Kerzenlicht am Abend ist oder ob Sie sich mit einem guten Essen und einer Flasche Bier vor den Fernseher setzen, liegt völlig bei Ihnen. Ideal ist es, wenn Sie etwas Zeit für sich haben und sich nicht sofort in die nächsten Aktivitäten stürzen.

Variationen des Naturrituals »Stein & Feder«
Einen Gegenstand herstellen

Fühlen Sie sich ermutigt, dieses Ritual den gegebenen Situationen anzupassen und eigene Ideen zu entwickeln. Ein Beispiel für solch eine Abwandlung ist die Idee, den Gegenstand nicht zu suchen, sondern ihn selbst herzustellen. Das kann man z. B. mit Materialien tun, die man von zu Hause mitbringt. Besser ist es jedoch, die Materialien zu verwenden, die Sie in der Natur finden (z. B. Lehm). Sie können auch anstatt eines Gegenstandes ein Symbol erschaffen, z. B. indem Sie etwas in den Boden ritzen. (Hier findet sich eine Anlehnung an das Ritual »Kraft der Symbole«.) Sie sollten sich jedoch bewusst sein, dass Sie dadurch auf die sehr wertvolle Phase »Suchen & Finden« verzichten, die Ihnen wichtige Aufschlüsse in Ihrem Verhältnis zum Loszulassenden widerspiegelt. Einen Gegenstand selbst zu formen ergibt dann Sinn, wenn Sie von dem Loszulassenden eine konkrete Vorstellung haben, die Sie nicht in der Natur wiederfinden können.

Einen Gegenstand mitbringen

Es mag auch sein, dass Sie einen Gegenstand besitzen, der das Loszulassende für Sie repräsentiert. Das kann ein Gegenstand sein, den Sie geschenkt bekommen haben. Oder es mag ein Andenken an eine bestimmte Zeit oder besondere Erinnerung sein, z. B. die mitgebrachte Muschel aus einem Urlaub am Meer. Auch hier entfällt das Suchen und Finden. Ein Vorteil dieser Variante besteht darin, dass bereits eine emotionale Bindung zwischen dem Gegenstand und dem, was Sie loslassen möchten, existiert.

Der Bestimmungskreis

Frieden mit sich selbst schließen

Naturrituale markieren Lebensübergänge. Das habe ich in der Einführung beschrieben, möchte es aber gerade für das Naturritual »Bestimmungskreis« noch einmal wiederholen. Wenn Sie etwas in Ihrem Leben verändern möchten, dann stellt sich die Frage: Warum haben Sie das nicht längst getan? Vielleicht sind Sie sich erst in letzter Zeit bewusst geworden, dass es Zeit für eine Veränderung ist. Vielleicht hat es auch Veränderungen in Ihrem Leben gegeben, an die Sie sich anpassen müssen. Ein anderer möglicher Grund ist aber, dass Sie noch nicht bereit dazu waren.

Wir alle tun uns damit schwer, unsere Verhaltensmuster zu durchschauen und noch schwerer damit, diese zu verändern. Ein ganz wichtiger Faktor dabei ist, so banal sich das anhören mag, dass wir manchmal gar nicht die Kraft für Veränderungen haben. Und die Kraft für Veränderungen fehlt uns vielleicht auch aus dem Grund, weil wir nicht im Reinen mit uns selbst sind. Denken Sie einen Moment lang darüber nach: Wie sehen Sie sich selbst? Gibt es Dinge im Leben, die Sie bereuen und bedauern? Halten Sie sich selbst für liebenswert? Können Sie sich Ihre Fehler und Schwächen verzeihen? Gibt es Momente, in denen Sie über sich selbst schimpfen, sich einen »Deppen« oder eine »blöde Kuh« nennen? Zum Neubeginn gehört das Abschiednehmen vom Alten, auch von Ihrem alten Selbst. Wenn Sie Frieden mit sich selbst schließen möchten, dann ist der Bestimmungskreis ein kraftvolles Naturritual, das Ihnen dabei hilft.

Ablauf

Bei diesem Naturritual verbringen Sie einige Stunden allein in der Natur. Sie blicken auf die wichtigsten Erlebnisse Ihres Lebens, Ihre »Meilensteine«, zurück und versuchen, Frieden mit sich und Ihrer Lebensgeschichte zu schließen.

Vorbereitung

Für den Bestimmungskreis empfehle ich, eine Sitzunterlage oder einen Faltsitz mitzunehmen sowie warme Kleidung, sodass Sie eine Zeit lang ohne Bewegung draußen sitzen bleiben können. Sie benötigen außerdem einen einfachen Kompass, der sowieso für Ihre eigene Sicherheit Bestandteil Ihres »Ritualgepäcks« sein sollte. Wie immer sollte sich auch genügend Wasser in Ihrem Gepäck befinden.

Suchen Sie in der Natur nach einem Ort, an dem Sie ungestört sind. Dieser sollte, wenn möglich, mehr als 50 Meter vom nächsten Waldweg entfernt sein, weil Sie sonst unweigerlich andere Waldbesucher sehen oder hören könnten. Sie können dieses Naturritual natürlich auch am Ufer eines Sees, eines Flusses oder gar am Meer durchführen, sollten aber auch hier auf Ihre Privatsphäre achten.

Der Bestimmungskreis

Zu Beginn des Rituals suchen Sie an dem Ort, den Sie ausgewählt haben, nach vier Steinen. Am besten eignen sich Steine, deren Größe zwischen Faust- und Kokosnussgröße liegt. Es ist aber auch nicht schlimm, wenn die Steine deutlich kleiner sind. Als Alternative können Sie auch

Ihre Lieblingssteine von zu Hause mitnehmen. Mithilfe Ihres Kompasses legen Sie die Steine anhand der vier Himmelsrichtungen aus: einen Stein im Osten, einen im Süden, einen im Westen und einen im Norden. Schaffen Sie so einen Kreis (oder bisher noch ein Viereck) von ca. 2–3 m Durchmesser.

Legen Sie die Steine achtsam ab, und denken Sie dabei an die Qualitäten der Himmelsrichtungen: Im Osten der Sonnenaufgang, das sich entfaltende Leben, die Kreativität, die große Neugierde auf das, was da kommen mag. Im Süden der Mittag, der Sommer, Hitze und Wärme, heranwachsen und ausprobieren, sich bewähren. Im Westen der Sonnenuntergang, der Herbst, langsames Abschiednehmen, mit seinen Energien herunterfahren, auch der Umgang mit Schmerz und Trauer, mit den eigenen Wunden in Kontakt kommen. Im Norden Mitternacht, das Herz des Winters, Stille und Kälte, aber auch Geborgenheit und Einkehr. Laden Sie diese Energien in Ihren Bestimmungskreis ein, während Sie Ihre Richtungssteine an ihren Ort legen. Sie können zusätzlich noch den Himmel einladen, Teil Ihres Rituals zu sein und eine Hand auf den Erdboden legen, um auch diese Kraft in Ihrem Ritual willkommen zu heißen. Somit erschaffen Sie sich weniger einen Kreis als vielmehr eine Kugel, in deren obere Hälfte Sie später eintreten können.

Suchen Sie alsdann nach kleinen Stöcken, Steinchen, Zapfen und Ähnlichem, mit denen Sie Ihre Steine zu einem Kreis verbinden können. Nun liegt Ihr Bestimmungskreis ganz physisch vor Ihren Füßen. Was noch fehlt, ist, aus der Außengrenze des Kreises ganz bewusst eine Schwelle zu machen, also das Innere des Kreises als Ihren heiligen Ritualort zu bestimmen. Ein Vorschlag von mir ist, einmal bewusst im Uhrzeigersinn um Ihren Kreis herumzugehen und diese Grenze so zu markieren. Sie können auch gut einen Moment in Stille vor Ihrem Kreis stehen und sich bewusst machen, was hier geschehen soll: Da, wo Sie jetzt stehen, im Außen, ist Ihre Alltagswelt mit all Ihren kleinen und großen Herausforderungen und Ablenkungen. Im Innern des Kreises ist Ihr Ritualraum, in dem die Zeit anders tickt, in dem ein geschützter und behüteter Raum für Sie existiert.

Sie verstehen jetzt vielleicht auch, warum dieser Ort etwas abseits liegen sollte, damit Sie ungestört sind: Sie möchten, während Sie sich in diesem Kreis ganz nach innen wenden, nicht von einem Spaziergänger gestört werden, der Sie fragt, was Sie da machen oder der einen Plausch über das Wetter beginnt.

Sie können sich, bevor Sie die Schwelle übertreten, an Ihre guten Kräfte, z. B. Ihren Gott, Schutzengel, Krafttiere, Ihnen nahestehende Verstorbene, mit der Bitte wenden, Sie auf Ihrer Reise zu begleiten.

Übertreten Sie dann bewusst die Schwelle zu Ihrem Bestimmungskreis.

Im Innern

Jetzt sind Sie im Innern Ihres Kreises. Machen Sie es sich dort gemütlich! Setzen Sie sich ins Zentrum des Kreises und zu Beginn so hin, dass Sie nach Osten schauen. Nehmen Sie sich Zeit, im Kreis anzukommen. Beobachten Sie eine Zeit lang Ihre Umgebung, und lauschen Sie auf die Geräusche in der Natur. Wenn Sie das Gefühl haben, ganz bei sich zu sein, beginnen Sie, Ihre Geschichte zu erzählen. Sie können das ganz von Anfang an tun, also z. B. mit »Ich wurde am … geboren.«, oder Sie können dort beginnen, wo Sie möchten, z. B. wo Ihre Erinnerungen einsetzen. Sinn der Übung ist es nicht, chronologisch jedes Detail in Ihrem Leben zu beschreiben, dafür haben Sie auch gar nicht die Zeit. Vielmehr sollen Sie hier die Meilensteine und Wendepunkte in Ihrem Leben betrachten, also die Erfahrungen, die Sie zu dem gemacht haben, der/die Sie sind. Beachten Sie dabei, dass manche Erfahrungen, wie die erste Liebe, innerhalb kurzer Zeiträume und sehr intensiv stattgefunden haben, während andere Erfahrungen ganz langsam im Laufe der Zeit Ihr Leben geprägt haben, z. B. eine sich lang entwickelnde Freundschaft.

Wenn Sie Ihre Geschichte erzählen, dann verweilen Sie an diesen Meilensteinen und Wendepunkten, und spüren Sie in sich hinein, ob Sie Frieden mit diesem Teil Ihrer Geschichte machen können. Dieses »Frieden-Machen« bedeutet natürlich auch, dass Sie, wenn nötig, sagen können: »Ich verzeihe mir.« Das kann schwieriger sein, als man denkt. Manchmal ist es ein längerer Weg, den man zu sich selbst gehen muss, bevor man in der Lage dazu ist, sich selbst zu verzeihen. Beginnen Sie damit, die Situation aus der Sicht des Menschen zu betrachten, der Sie damals waren. Gerade wenn es um Erfahrungen geht, die man in seiner Kindheit gemacht hat, neigt man dazu, diese durch die Augen eines Erwachsenen zu betrachten. Auch wenn Worte nicht ausreichen, um diese Botschaft zu verinnerlichen: Als Kind war man viel stärker den Kräften des Lebens ausgesetzt und viel weniger Herr seines eigenen Schicksals, als das als Erwachsener der Fall ist. Nicht wenige Menschen, die in jungen Jahren Missbrauch erlebt haben, und damit meine ich nicht nur sexuellen Missbrauch, sondern auch alle Formen von Machtmissbrauch, Mobbing und Beschämung, machen sich später im Leben selbst Vorwürfe. »Wie konnte ich das nur machen? Wieso konnte ich das nicht verhindern?« und ähnliche Fragen stellt der Erwachsene dann an sein Inneres Kind. Seltsamerweise gehören dazu auch Situationen, in denen man als Kind allein gelassen oder sogar verlassen wurde. Denn als Kind glaubt man schnell, Schuld am Verhalten z. B. der eigenen Eltern zu sein. Zu einem Gefühl der Machtlosigkeit gesellt sich in ganz jungen Jahren die Unfähigkeit, die Grenzen der eigenen Möglichkeiten zu erkennen.

Sie sehen, ich schneide hier ein ganz großes Thema an, das sich auf wenigen Seiten und im Rahmen eines Buches, das sich der Vorstellung von Naturritualen widmet, nicht ausführlich erläutert werden kann.

Wenn Sie wissen, dass traumatische Erfahrungen in Ihrer Kindheit liegen, dann schauen Sie, wie Sie mit dem, was während dieses Naturrituals hochkommt, gut umgehen können. Der Bestimmungskreis ist ein Raum, der Ihnen Schutz und Geborgenheit bietet, und wenn Sie das Ritual beendet haben, werden Sie bewusst den Raum verlassen, in dem Sie sich mit diesen mehr oder weniger alten Themen beschäftigt, diesen also »Raum gegeben« haben. Wie gesagt, es ist schon hilfreich, wenn Sie sich in die Lage Ihres vergangenen Ichs versetzen und Verständnis für sich selbst haben können. Das ist der erste Schritt auf dem Weg, ein »Ich verzeihe mir« aussprechen zu können.

Das gilt auch, wenn man nicht (nur) Opfer, sondern auch Täter war. Denn die wenigsten von uns handeln aus reiner Böswilligkeit. Hinter Gemeinheiten, die man selbst begangen hat, stecken häufig Ängste und Sorgen. Es hilft, dafür Verständnis aufzubringen.

Wenn Sie das Gefühl haben, einen Ihrer Meilensteine für diesen Tag so stehen lassen zu können, dann gehen Sie weiter in Ihrer Lebensgeschichte. Im Einklang mit den einzelnen Phasen von Ihrer frühen Kindheit über Ihre Kindheit und Jugend bis hin ins Erwachsenenalter ändern Sie auch Ihre Position im Kreis, sodass Sie erst nach Osten, dann Süden, Westen und zuletzt nach Norden schauen.

Wie lange dauert dieses Naturritual? Zuerst einmal muss man sagen, dass Sie diese intensive innere Arbeit nicht an einem Tag machen müssen. Sie können das Ritual durchaus an einem Tag unterbrechen und an anderen Tagen fortsetzen. Wie lange dieses Ritual für Sie dauert, hängt ganz von Ihren persönlichen Erfahrungen und davon ab, wie Sie Ihre Geschichte erzählen. Lassen Sie sich Zeit, und stressen Sie sich nicht dabei! »Gut Ding will Weile haben« darf das Motto auch für dieses Naturritual sein.

Wenn der Zeitpunkt für Sie gekommen ist, das Naturritual zu beenden, verbringen Sie noch etwas Zeit in Stille in Ihrem Bestimmungskreis, bevor Sie die Schwelle überschreiten und den Bestimmungskreis verlassen. Tun Sie das in dem Bewusstsein, den geschützten aber auch intensiven Ritualraum zu verlassen. Ich finde es immer zusätzlich stimmig, sich für die Unterstützung, die man erfahren hat, zu bedanken.

Falls Sie den Kreis geschaffen haben, indem Sie einmal im Uhrzeigersinn seine Außengrenze abgelaufen sind, tun Sie nun das Gleiche entgegen dem Uhrzeigersinn. Lösen Sie den Kreis auf, indem Sie alle Materialien wieder verstreuen und die Steine dorthin bringen, wo Sie sie gefunden haben.

Nachbereitung

Für viele Menschen ist gerade dieses Naturritual sehr intensiv. Sollte es Ihnen ebenso ergehen, dann schauen Sie, wie Sie den Abend und eventuell die nächsten Tage so angenehm wie möglich für sich gestalten können. Das können Phasen der Ruhe zum Reflektieren sein oder auch gemeinsame Abende mit Freunden, um etwas Abstand zum Erlebten zu gewinnen. Denken Sie daran, dass der Bestimmungskreis jederzeit wieder offen für Sie ist, wenn Sie das Gefühl haben sollten, den Prozess des Frieden-mit-sich-Schließens fortsetzen zu wollen.

Nachtrag

In Ihrer Lebensgeschichte wird es natürlich auch viele Meilensteine geben, die Ihre Beziehung zu anderen Menschen betreffen. Menschen, denen Sie Unrecht getan haben, und Menschen, die Ihnen Unrecht getan haben. Wenn Sie sich für Neues frei machen, ist es in diesem Prozess ebenso wichtig, zu versuchen, Frieden mit Ihren äußeren Beziehungen zu machen. Dafür finden Sie in diesem Buch das Ritual »Sterbehütte« (s. S. 100). Versuchen Sie während des Rituals »Bestimmungskreis« (s. S. 82), sich auf sich selbst und Ihren Anteil an Ihrer Geschichte zu konzentrieren.

Alternativer Ablauf

Sie können auch Ihre Lebensgeschichte erzählen, während Sie durch die Natur wandern. Der Ablauf (Vorbereitung, Schwelle, etc.) ist dann ganz ähnlich wie der für das Naturritual »Medizinwanderung«(s. S. 41). Gehen Sie, nachdem Sie die Schwelle überschritten haben, durch die Natur, und erzählen Sie sich selbst dabei Ihre Lebensgeschichte. Wann immer Sie einen Ihrer Meilensteine erreichen, wenn Sie also zu einer Episode in Ihrem Leben kommen, die Sie geprägt hat, suchen Sie in der unmittelbaren Umgebung nach einem Naturgegenstand, der diesen Teil der Geschichte symbolisiert. Halten Sie den Gegenstand in Ihrer Hand, während Sie diesen

Teil Ihres Lebens resümieren. Spüren Sie in diesen Gegenstand hinein, und betrachten Sie, welche Qualitäten dieser Gegenstand besitzt. Ich kann mir gut vorstellen, dass Sie Aspekte an Ihrem Gegenstand und somit auch im übertragenen Sinn an Ihrer Geschichte wahrnehmen werden, die Ihnen bisher verborgen oder unbewusst waren. Wenn Sie das Gefühl haben, dass Sie diesen Teil Ihrer Lebensgeschichte bearbeitet haben, dann gibt es zwei Möglichkeiten: Sie können den Gegenstand in Ihren Rucksack legen und erst einmal mitnehmen. Oder Sie können sich von dem Gegenstand verabschieden und ihn auf Ihrem Weg zurücklassen. An dieser Stelle sehen Sie eine Überschneidung zum Naturritual »Loslassen«, das genau das zum Thema hat. So können Sie im Laufe Ihrer Wanderung Gegenstände sammeln und zurücklassen, bevor Sie die nächsten suchen, oder Sie können Ihren Rucksack langsam mit den »Meilensteinen« Ihres Lebens füllen. Tun Sie Letzteres, dann ist das Loslassen dieser Gegenstände ein eigener Teil dieses Rituals, der auch an einem anderen Tag stattfinden kann. Wie Sie Ihre Gegenstände loslassen wollen, das ist ganz Ihnen überlassen. Eine Anregung ist z. B., sich ans Ufer eines Flusses, Sees oder des Meeres zu setzen und Ihre Gegenstände dem Wasser zu übergeben, wenn Sie sagen können: »Mit diesem Teil meiner Geschichte kann ich meinen Frieden schließen.« Können Sie das nicht, nehmen Sie den Gegenstand wieder mit nach Hause, bis Sie es können. Ich wünsche Ihnen, dass er dort nicht in einem Regal verstaubt, sondern Sie dazu motiviert, an den Punkt zu gelangen, an dem Sie sich selbst verzeihen können.

Vertrauen

Ein Luftritual

Hold me, hold me
never let me go
Hold me close like the leaves
on the branches
and when I die, and when I die
let me fly, let me fly
through the air
like the leaves when they're falling.

(unbekannter Interpret)

Eigentlich sollte dieses Ritual »Freiheit – ein Luftritual« heißen, aber dann bin ich ins Nachsinnen gekommen. Denn ist Freiheit nicht ein Zustand von Unbegrenztheit, und zwar in erster Linie in Bezug auf unsere Ängste? Fragt man sterbende Menschen, was sie am Ende ihres Lebens am meisten bereuen, dann sind die Antworten unterschiedlich, aber man hört immer wieder, dass man nicht das bereut, was man getan hat, sondern das, was man nicht getan hat. Zu wenig gewagt, zu wenig gelebt, zu wenig riskiert.Ich glaube auch, dass das Gegenteil von Angst eben nicht

Mut, sondern Vertrauen ist. Mut braucht man, um etwas »trotzdem« zu tun, während jemand, der wirklich auf einen guten Ausgang vertraut, darauf, behütet und geborgen zu sein, eben nichts zu fürchten hat. Darum folgt hier ein Ritual zum Thema »Vertrauen«, und die Freiheit gibt es gleich noch dazu.

Ablauf

Die Luft ist nicht nur ein Element außerhalb von uns, sie ist auch durch unseren Atem ein Teil von uns. Und dieser Atem ist symbolisch, mehr noch als z. B. unser Herzschlag, mit dem Leben an sich verbunden. So ist »seinen letzten Atemzug tun« eine Redewendung für den Übergang vom Leben zum Tod. Man kann nicht nur sein Leben aushauchen, sondern auch Leben einhauchen: In diesem Ritual handelt es sich um Ihren Wunsch nach mehr Vertrauen.

So ist dieses Ritual ein kleiner Wirbelwind in sich selbst, ein Kreis aus Luft, in dem Sie sich zuerst mit dem Element Luft vertraut machen (der erste Ritualteil), anschließend Ihr Vertrauensthema auf einer Medizinwanderung klären und nach einer Feder suchen (zweiter Ritualteil) und zuletzt einen Vertrauenswunsch äußern und diesen dann loslassen/der Luft anvertrauen (dritter Ritualteil).

Erster Teil: Sich mit der Luft verbinden

In diesem Buch finden Sie auch Naturrituale zu den anderen Elementen: Feuer, Wasser und Erde. Allen diesen Elementen ist gemein, dass man sie anfassen kann (auch wenn man das beim Feuer eher lassen sollte) und, was noch wichtiger ist, dass man sie sehen kann. Luft kann man aber weder anfassen noch sehen. Man kann vom Wind berührt werden, man kann sehen, wie der Wind Äste bewegt, Blätter zum Rascheln bringt oder auf der Straße vor sich hertreibt, aber sehen kann man Luft in der Regel nicht.

Aber wie kann man sich mit dem Element Luft verbinden? Das ist nicht so einfach.

In diesem Sinne möchte ich den ersten Teil dieses Rituals auch ganz vertrauensvoll in Ihre Hände legen: Was möchten Sie tun, um sich mit Luft und Wind zu verbinden?

Meine Anregung ist, sich für diesen Teil Zeit zu lassen, richtig viel Zeit. Schauen Sie einmal, wo und wie Sie die sich bewegende Luft oder auch die stille Luft in Ihrem Alltag wahrnehmen können, wo sie sichtbar und spürbar wird.

Bäume sind für diese Erfahrung ein toller Wegbegleiter, vor allem im Herbst, wenn der Wind durch die Kronen rauscht und die bunten Blätter zum Erdboden taumeln. Beachten Sie nur dabei, dass Starkwind im Wald nicht nur Äste abbrechen, sondern auch bereits abgebrochene und lose im Geäst hängende Äste herabstürzen lassen kann.

Es gibt aber noch so viele andere Beispiele dafür, wo die Luft mittelbar für uns sichtbar wird: im aufsteigenden Dampf eines heißen Tees, in der Rauchfahne eines Feuers, in der Gischt auf den Kronen von Wellen, in den sanften oder starken Rippeln* auf einem Teich, in den Windhosen (im Englischen: »dust devils« – »Staubteufel«), die im heißen Sommer über

Vertrauen

---

* *Rippeln sind von einem strömenden Medium hervorgerufene wellenartige Oberflächenformen.*

die trockenen Felder ziehen. Natürlich am Meer und in den Bergen, wenn einem der Wind ins Gesicht bläst und einen fast umwirft.

Halten Sie Ausschau nach Manifestationen von Luft in Ihrem Leben, und nähern Sie sich diesem Element so langsam an, dass Sie über Wochen und vielleicht Monate hinweg eine eigene Beziehung zu diesem Element aufbauen.

Zweiter Teil: Den Wunsch beleben

Wenn Sie das Gefühl haben, eine neue Beziehung zu dem Element »Luft« bzw. ein anderes Verständnis von ihm bekommen zu haben, dann ist es Zeit für den zweiten Teil dieses Rituals:

Gehen Sie in dieser Phase auf eine Medizinwanderung mit der Frage »Was bedeutet Vertrauen für mich?« oder, wenn Sie schon Ihre Antwort auf diese Frage kennen: »Wie kann ich mein Vertrauen stärken/wachsen lassen?« Vertrauen ist vielseitig, individuell und bedeutet prinzipiell, dass man sich vor der Zukunft nicht (mehr) ängstigt. Aber das Warum kann viele Facetten haben: Vertrauen in sich selbst und in die eigenen Fähigkeiten, Vertrauen in andere Menschen, Vertrauen in unsere Gesellschaft, Vertrauen in die Natur, und ja, auch Vertrauen in eine göttliche Kraft.

Was hat nun aber Luft mit Vertrauen zu tun?

Der Liedtext am Anfang dieses Kapitels fasst mein Verständnis davon gut zusammen: Das Gefühl, gehalten zu werden, das Vertrauen, sich fallen lassen zu können. Das Gefühl von Freiheit und Weite, wenn man aus dem Flugzeug auf das Wolkenmeer schaut. Der Blick vom Berggipfel, der in die Ferne schweift. Oder wenn man am Ufer des Meeres steht und auf den Horizont schaut. Und letztlich auch die Erfahrung, wie einem die sorgenvollen Gedanken förmlich weggeblasen werden, wenn man am Strand bei starkem Wind am Meer entlanggeht.

Ich möchte die Frage in den Raum stellen, ob die Heilung von seelischen Verletzungen und Traumata nicht immer auch eine Frage von Vertrauen ist. Als Kind ist man in Bezug auf viele Dinge komplett vertrauensvoll und naiv. Man klettert in die höchsten Bäume, streichelt den nächstbesten Hund, vertraut jedem Erwachsenen. Und dann geschieht etwas, was dieses kindliche Vertrauen erschüttert: Man stürzt ab, wird gebissen oder von einem anderen Menschen zutiefst enttäuscht/verletzt. Man hat ein gutes Stück Vertrauen in die Welt verloren. Nun kann man sagen: »Das ist so«, seine Wunden lecken und in Zukunft vorsichtiger und auch misstrauischer sein. Es gilt jedoch auch, verlorenes Vertrauen zurückzugewinnen, in dem Maße, in dem man mit Erfahrung und Reife Situationen einzuschätzen lernt.

Auf Vertrauen muss man sich einlassen. Ich entscheide mich, zu sagen: »Ich will diesen Menschen vertrauen.« Oder: »Ich will der Natur vertrauen.« Die anschließenden Erfahrungen zeigen dann, ob dieses Vertrauen gerechtfertigt ist oder nicht.

Zurück zur Medizinwanderung: Wenn Sie die Schwelle mit der Frage »Was bedeutet Vertrauen für mich?« oder »Wie kann ich mein Vertrauen stärken/wachsen lassen?« überschritten haben, dann achten Sie nicht nur auf die Zeichen und Symbole, die Ihnen die Natur als Antworten gibt, sondern suchen Sie auch gezielt nach einer Feder.

Es spielt keine Rolle, was für eine Feder das ist, im Gegenteil, lassen Sie sich überraschen, ob sie von einem Singvogel, einem Rabenvogel (der genau genommen auch ein Singvogel ist), einer Taube, einem Raubvogel oder einem anderen Vogel stammt. Sie dürfen hinterher durchaus recherchieren, von welchem Vogel Ihre Feder stammt und überlegen, welchen Bezug dieser Vogel wohl zu Ihrem Vertrauensthema haben mag.

Sollte der unwahrscheinliche Fall eintreten, dass Sie, nachdem Sie sich einige Stunden lang durch Wald und Flur bewegt haben, keine Feder gefunden haben, dann ist auch das eine spannende Erfahrung. Vielleicht ist es noch nicht an der Zeit für Sie, dieses Ritual durchzuführen, und Sie versuchen es ein anderes Mal wieder. Nehmen Sie sich dann jedoch auch die Zeit, die anderen Symbole und Antworten aus der Natur nachwirken zu lassen. Vielleicht geben diese ja einen Hinweis darauf, warum Sie keine Feder gefunden haben.

Dritter Teil: Einen Wunsch der Luft anvertrauen

Dieses Naturritual hat noch einen dritten Teil, und ich schlage vor, dass Sie diesen dritten Teil gesondert durchführen, dass Sie also zuerst einmal die Medizinwanderung beenden und die Feder mit nach Hause nehmen. Es ist wichtig, dass Sie Ihre Erfahrung von der Medizinwanderung verarbeiten und Ihre eigenen Schlüsse ziehen, was Sie zum Thema »Vertrauen« über sich gelernt haben. Diese Schlüsse können das Resultat bewussten Reflektierens und Nachdenkens sein, und Sie können das Erlebte auch wirken lassen und intuitiv nachspüren, was sich in Ihrem Leben verändert hat und was sich anders anfühlt. Ich empfehle, beides zu tun, Herz bzw. Intuition und Verstand zu vereinen. Es ist auch möglich, seine Gedanken und Erfahrungen einem Freund oder einem professionellen Coach mitzuteilen und diesen darüber reflektieren zu lassen.

Wenn Sie das Gefühl haben, aus den Antworten und den Erkenntnissen der Medizinwanderung in Verbindung mit Ihrer Annäherung an das Element »Luft« einen konkreten Wunsch in Bezug auf Ihr Thema »Vertrauen« formulieren zu können, dann geht es weiter.

»Vertrauen« ist so ein großes und wichtiges Thema in unserem Leben, dass es gut sein kann, dass Sie mehrmals auf Medizinwanderung gehen oder dass Sie den nachfolgenden dritten Ritualablauf mehrfach wiederholen werden. Es ist auch möglich, dass Sie auf dem Weg hin zu mehr Vertrauen das Gefühl haben, andere in diesem Buch beschriebene Rituale zuerst durchführen zu wollen. Wenn es z.B. um Ihr Vertrauen zu sich selbst geht, dann ist es gut möglich, dass zuerst das Ritual »Bestimmungskreis« (s. S. 82) für Sie ansteht, bevor es hier weitergeht. Oder wenn es um das Thema »Vertrauen zu anderen Menschen« geht, dann mag das Ritual »Sterbehütte« (s. S. 100) zuerst anstehen.

Mit einem konkreten Wunsch meine ich, dass Sie sagen können, was Sie sich von wem in Bezug auf eine bestimmte Situation wünschen. Z.B.: »Ich habe Angst, wenn ich zu Prüfungen gehe, und wünsche mir, mehr Vertrauen in mein eigenes Wissen und Können zu haben.« Oder: »Ich habe entsetzliche Angst vor dem Sterben und wünsche mir, darauf vertrauen zu können, von meinem Gott/meiner Göttin im Sterben sanft gehalten zu werden.«

Wenn Sie Ihren Vertrauenswunsch in einem Satz formulieren können, dann suchen Sie einen hoch gelegenen Ort auf. Ich denke dabei z. B. an Türme oder Kirchtürme in der Stadt oder im Dorf, vielleicht auch an einen Berggipfel oder den Hang eines Hügels oder einer Düne. Ich denke weniger an tiefe Schluchten oder einen Steilhang am Rand eines Steinbruchs. Denn dort besteht nicht nur die Gefahr, dass man das Gleichgewicht verliert, sondern auch, dass der Boden nachgibt oder dass es zu einem Abbruch an der Geländekante kommt. Seien Sie also bitte vorsichtig, denn Vertrauen und Fahrlässigkeit sind zwei verschiedene Dinge. Eine Ballonfahrt ist auch eine tolle Idee, womit ich auch zum Ausdruck bringen möchte, dass es viele weitere Möglichkeiten gibt, wie Sie dem Element »Luft« und dem Gefühl des Sich-fallen-lassen-Könnens nahekommen können, ohne sich in Gefahr zu begeben. Falls Sie unter Höhenangst leiden, tauschen Sie die Höhe mit starkem Wind, indem Sie z. B. bei Starkwind auf eine Weide mit sanfter Hangneigung gehen.

Sie haben die eigentliche Ritualarbeit schon gemacht: Sie haben sich Zeit genommen, um sich mit dem Element »Luft« zu verbinden und eine neue Beziehung zu diesem aufzubauen. Sie sind auf eine Medizinwanderung gegangen, um mehr zu Ihrem Thema »Vertrauen« zu erfahren. Sie haben Ihre Feder mit nach Hause genommen, das Erlebte verarbeitet und einen Wunsch in Bezug auf das Thema »Vertrauen« formuliert. Nun gilt es nur noch, diesen Wunsch loszulassen. Deshalb ist es auch gut möglich, diesen Teil des Rituals an einem Ort durchzuführen, an dem Sie nicht komplett allein sind, z. B. auf einem Turm, solange Sie nicht gerade in einer Menschenmenge stehen. Ein bisschen Privatsphäre braucht es also schon. Wenn Sie mit Ihrer Feder an Ihrem Ort sind, dann halten Sie einen Moment lang inne, kommen Sie zur Ruhe, und schließen Sie Ihre Augen. Halten Sie Ihre Feder in beiden Händen eingeschlossen, führen Sie diese in die Nähe Ihres Mundes, und hauchen Sie Ihrem Wunsch Leben ein. Lassen Sie dann die Feder fallen und vom Wind wegtragen.

Nachgedanken

Wie groß und lang oder klein und kurz dieses Ritual wird, liegt ganz bei Ihnen. Sie können sich monatelang mit dem Wind befassen, sich intensiv mit dem Thema »Vertrauen« beschäftigen und am Ende Ihre Feder, z. B. während eines Wanderurlaubes in den Bergen, von einem Berggipfel loslassen. Oder Sie können ein paar Tage lang dem Wind lauschen, auf eine Medizinwanderung gehen und danach Ihre Feder von einem Hügel auf eine Reise schicken. Spüren Sie in sich hinein, wie »groß« dieses Thema für Sie ist und was sich für Sie stimmig anfühlt!

Sollten Sie bereits Erfahrung mit Atemmeditationen haben oder sich für dieses Thema interessieren, dann können Sie diese Praxis gut in dieses Ritual mit einbringen, und zwar in allen drei Ritualphasen: Nehmen Sie sich jeweils Zeit, auf den Wind im Außen zu lauschen und im Wechsel dazu Ihre Atmung zu beobachten, das Einströmen der Luft beim Einatmen und das Ausströmen der Luft beim Ausatmen, z. B. als Gefühl der sich hebenden und senkenden Bauchdecke.

Die Sterbehütte

Frieden mit seinen äußeren Beziehungen schließen

Bei diesem Ritual geht es darum, Frieden mit seinen äußeren Beziehungen, also anderen Menschen, zu schließen.

Der Name des Rituals bezieht sich auf einen Brauch der Cheyenne, einen Indianerstamm Nordamerikas: Wenn jemand, meist einer der Älteren, merkte, dass der Tod nahte, dann begab sich diese Person in eine bestimmte Hütte im Dorf, die sogenannte Sterbehütte, um sich dort von ihren Verwandten, Freunden und anderen Stammesangehörigen zu verabschieden. Bei diesem Abschied ging es darum, wenn möglich, Frieden zu schließen, sich zu bedanken, sich an gemeinsame gute und schlechte Zeiten zu erinnern und sich zu sagen, was man einander bedeutet. Es ging aber auch darum, offen auszusprechen, was war, was nicht gestimmt hat, was man dem anderen übel genommen hat. Das Verzeihen war also ein offener Prozess mit ungewissem Ausgang.
Am Ende dieses Abschiednehmens kann die Person im Idealfall folgende Sätze sprechen: »Ich verzeihe dir. Bitte verzeihe mir. Ich danke dir für die gemeinsame Zeit. Lebe wohl!« Mit »Idealfall« ist hiermit nur gemeint,

dass diese Sätze, wenn man sie ehrlich und vom Herzen her sagen kann, eine heilsame Wirkung haben und einen versöhnlichen Abschluss bedeuten. Es ist aber besser, einen, mehrere oder sogar alle diese Sätze wegzulassen, wenn sie nicht zur tatsächlichen Empfindungslage passen.

»Frieden machen« bedeutet ausdrücklich nicht, zu sagen: »Was geschehen ist, war in Ordnung.« Es kann durchaus bedeuten, klar zu sagen: »Das war nicht in Ordnung.« Im Anschluss muss man dann in sich hineinspüren, ob man ein ehrliches »Ich verzeihe dir (trotzdem)« sprechen kann. Und es kann natürlich auch bedeuten, selbst um Verzeihung zu bitten.

Meiner Meinung und Erfahrung nach lebt man ganz anders und befreiter, wenn man sich mit seinen Mitmenschen ausgesprochen und sozusagen diesen Teil des Abschiednehmens vom Leben geschafft hat. Das ist natürlich ein Prozess, dem man sich immer wieder stellen muss.

Viele Menschen tendieren dazu, Kleinigkeiten überzubewerten und Beziehungen kaputtgehen zu lassen, obwohl ein klärendes Gespräch die Beziehung retten oder zumindest auf eine gute Art und Weise zum Abschluss bringen würde. Vielleicht steckt dahinter auch die Vermeidung von Konflikten, die Befürchtung, dass es zu einem unangenehmen Streitgespräch kommen würde, und man sagt sich daraufhin: »Dann lasse ich es lieber gleich sein, hat ja sowieso keinen Sinn.« Dieses katastrophische Denken entspricht in vielen Fällen nicht der Realität, und man ist überrascht, wenn sich das Gespräch doch anders entwickelt als erwartet.

Schwieriger wird es, wenn es um Beziehungen geht, in denen die betreffenden Personen schon verstorben sind oder sich einem Gespräch verweigern. Das im Folgenden beschriebene Ritual funktioniert jedoch trotzdem, weil es eben auch darum geht, zu seiner eigenen Wahrheit zu stehen und diese laut und deutlich auszusprechen. Das wird auf den nächsten Seiten noch klarer werden.

Ablauf

Im Ritual »Die Sterbehütte« errichten Sie in der Natur Ihre eigene Sterbehütte und laden die Menschen zur Aussprache ein, mit denen Sie (vor Ihrem Tod) noch etwas klären müssen. Sie bleiben dabei offen dafür, wer die Sterbehütte betritt und was diese Person zu sagen hat.

Die Intention des Rituals ist, Frieden mit diesen Menschen zu schließen, also am Ende einer jeden Aussprache folgende Sätze sagen zu können: »Ich verzeihe dir. Bitte verzeihe mir. Ich danke dir für die gemeinsame Zeit. Lebe wohl!«

Sie sollten dabei ehrlich zu sich sein und schauen, was für Sie davon stimmig ist. Auf diese Art und Weise klären Sie Ihre äußeren Beziehungen und bemühen sich um einen versöhnlichen Abschluss, der natürlich auch der Beginn einer neuen Beziehung sein kann.

Vorbereitung

Haben Sie sich zu diesem Naturritual entschlossen, dann bereiten Sie sich in den Tagen und Wochen, bevor Sie in die Natur gehen, innerlich darauf vor. Überlegen Sie sich: Mit wem meinen Sie, noch etwas besprechen zu müssen, das nicht geklärt ist? Wo gibt es noch offene Enden, Verletzungen und Redebedarf?

Zur Klärung dieser Fragen können Sie auch in einem eigenen vorbereitenden Ritual auf Medizinwanderung gehen.

Wenn es um Menschen geht, die noch leben und die Sie theoretisch ansprechen könnten, dann überlegen Sie, ob Sie nicht alternativ lieber ein echtes Gespräch suchen wollen. Rituale sollten keine Ausflucht sein, um sich vor Konflikten im Leben zu drücken und der Konfrontation mit den eigenen Ängsten und Befürchtungen aus dem Weg zu gehen.

Um die spätere Sterbehütte errichten zu können, ist zudem ein Kompass vonnöten.

Nehmen Sie gerne ein Sitzkissen, eine warme Decke und etwas zu trinken mit.

Sie sind auch eingeladen, Gegenstände und Talismane, die Ihnen Kraft und Zuversicht schenken, für dieses intensive Ritual mit in die Sterbehütte zu nehmen. Dazu können Symbole für Verbündete oder Zeugen, von denen man sich in schwierigen Situationen Energie und Unterstützung holen kann, gehören.

Die Sterbehütte

Suchen Sie für das Ritual einen Platz in der Natur auf, an dem Sie möglichst ungestört sind. Ein Waldstück bietet sich dafür an oder einer der vielen kleinen Haine auf unseren Wiesen und Feldern. Sie können sich auch auf die Suche nach einem passenden Ritualort im Rahmen einer Medizinwanderung machen. Vielleicht finden Sie auch eine Stelle in der Natur, die auf die eine oder andere Art und Weise tatsächlich an eine »Hütte« erinnert. Ein Baum oder Gebüsch kann einen passenden und geschützten Raum bilden, oder eine Felsformation kann eine rechteckige Begrenzung schaffen.

Wenn Sie den Ort für Ihre Sterbehütte gefunden haben, dann nehmen Sie sich etwas Zeit, diesen tatsächlich in Ihre rituelle Sterbehütte zu verwandeln, indem Sie auf symbolische Art und Weise die Grenzen Ihrer Hütte zu den vier Himmelsrichtungen hin mit Steinen begrenzen. Verbinden Sie anschließend diese vier »Richtungssteine«, indem Sie ebenfalls mit natürlichen Materialien die »Außenmauer« Ihrer Hütte markieren, z. B. mit Steinen oder Stöcken. Richten Sie es mithilfe Ihres Kompasses so ein, dass Sie dabei den Eingang im Westen schaffen und selbst im Osten sitzen. Wenn Sie möchten, dann können Sie auch mehr Energie investieren und sich tatsächlich aus Stöcken, Ästen und Blättern eine kleine Laubhütte bauen, z. B. in Form eines Tipis. Da Sie in der Hütte nicht übernachten werden, ist es nicht notwendig, dabei nach echten praktischen Wildnisaspekten vorzugehen, um Ihre Hütte vor Wind und Regen zu schützen.

Falls Sie sich vor Begegnungen fürchten und das Gefühl haben, dass der Ritualraum der Sterbehütte Ihnen nicht genug Schutz bietet, dann können Sie auch vor Beginn des Rituals den Bereich um Ihren Sitzplatz herum mit Steinen oder anderen Utensilien (z. B. mit mitgebrachten Federn oder Halbedelsteinen) begrenzen und so einen weiteren geistig-psychologischen Schutzraum innerhalb der Sterbehütte für sich schaffen.

Für dieses Ritual gibt es eine ganz einfache Schwelle, nämlich die »Türschwelle« zu Ihrer Hütte. Wenn Sie diese überschreiten, dann beginnt für Sie das Ritual »Sterbehütte«, und wenn Sie Ihre Hütte über diese Schwelle wieder verlassen, endet es. Betreten Sie Ihre Sterbehütte ganz im Bewusstsein des anstehenden Rituals mit der Intention und der Bitte, Frieden mit Ihren äußeren Beziehungen zu schließen.

Wenn Sie in Ihrer Hütte Platz genommen und es sich etwas gemütlich gemacht haben, dann nehmen Sie sich noch etwas Zeit, um im Hier und Jetzt anzukommen. Atmen Sie tief durch, entspannen Sie sich, achten Sie auf die Geräusche der Natur, die von außen zu Ihnen in Ihre Hütte dringen. Sie können gern Ihre guten Kräfte um Schutz und Beistand bitten, bevor es losgeht. Wenn Sie dazu bereit sind, dann sprechen Sie laut aus, dass die Tür zu Ihrer Hütte offensteht und dass eintreten mag, wer will. Warten Sie, und schauen Sie, wer in Ihrer Vorstellung die Hütte betritt. Sie können höflich zu Ihrem »Gast«, dieser imaginären Person, sein und ihn oder sie bitten, Platz zu nehmen, oder Sie können im Schweigen abwarten, was geschieht.

Das Gespräch

Ob Sie die Person vor Ihrem geistigen Auge sehen, sie sich einbilden oder nur eine Wahrnehmung, also ein Gefühl davon haben, wer die Hütte betreten hat, spielt keine Rolle. Wichtig ist, dass Sie sich sicher fühlen, was nicht gleichbedeutend mit Wohlfühlen ist. Die Sterbehütte kann ein sehr anstrengendes und kräftezehrendes Ritual sein, dessen sollten Sie sich bewusst sein. Nehmen Sie sich also auch die Freiheit, Pausen zu machen und/oder das Ritual für den Tag zu beenden, nachdem ein Gast die Hütte verlassen hat. Sie müssen nicht alle Beziehungen an einem Tag zu einem Abschluss bringen.

Wie einfach oder schwer eine Begegnung ist, wie kurz oder lang ein Gespräch dauert, kann Ihnen niemand sagen. Sie können auch überrascht sein, wer den Raum betritt, weil Sie nicht geglaubt haben, mit dieser Person noch etwas klären zu müssen. Das Gespräch muss auch nicht immer intensiv und herausfordernd sein. Es ist möglich, dass ein längst vergessener Jugendfreund die Hütte betritt, Sie sich dankbar an gemeinsame Erlebnisse erinnern und mit einem guten Gefühl nach einem kurzen Gespräch Abschied nehmen.

Meiner Erfahrung nach können das Gespräch und die Auseinandersetzung mit den eigenen (verstorbenen) Eltern am intensivsten werden, gerade dann, wenn man in dem typisch kindlichen Konflikt steht, von den

eigenen Eltern geliebt werden zu wollen und gleichzeitig das Gefühl hat, dass unangenehme (eigene) Wahrheiten trotzdem ausgesprochen werden müssen. Liegt ein Missbrauch in der Familie vor, dann wird dieses Ritual noch einmal herausfordernder und geht an die Substanz. In einem derartigen Fall sollten Sie sich überlegen, ob Sie die entsprechende psychische Unterstützung haben, um das Erlebte zu verarbeiten. Befinden Sie sich in psychotherapeutischer Behandlung, dann halte ich es für sinnvoll, dass Sie den Ablauf des Rituals vorab mit Ihrem Therapeuten besprechen.

Wohlgemerkt, ich sage nicht, dass dieses Ritual grundsätzlich für Sie intensiv und tief gehend sein wird. Es bringt aber in der Regel all das hoch, was in der Beziehung zu anderen Menschen noch nicht geklärt ist, und dazu gehören eben auch verdrängte und vergrabene Anteile. Meiner Meinung nach steckt gerade in diesem Ritual großes Heilungspotenzial. Jedoch gibt es auch Traumata und Verletzungen, die eine professionelle Begleitung brauchen oder besser begraben bleiben. Der Ritualraum, also die klare Abgrenzung eines Raumes und eines Zeitraumes, in dem Sie an Ihren Themen arbeiten, hilft, Sie auch psychisch zu schützen.

In dem Ritual geht es also darum, zuzuhören und selbst das auszusprechen, was gesagt werden muss. Es ist auch eine gute Gelegenheit, sich in die Person des anderen hineinzuversetzen, Dinge und Zusammenhänge aus ihrer Sicht zu sehen und damit eine Chance zu haben, Verständnis und Mitgefühl zu empfinden. All das erleichtert es, zu verzeihen und um Verzeihung zu bitten.

Ich erinnere mich an die Geschichte einer Frau, die in der Sterbehütte ihrem verstorbenen Vater begegnete, der sie in ihrer Kindheit sexuell missbraucht hatte. Als Mann maße ich mir nicht an, zu verstehen, was diese Sterbehütte für eine Erfahrung für sie gewesen sein mag. Ich war jedoch beeindruckt davon, dass sie an einen Punkt kam, an dem sie ihrem Vater verzeihen konnte, nachdem sie es geschafft hatte, auch Mitgefühl für seine harte und leidvolle Geschichte zu empfinden. Und natürlich war dieses Verzeihen in keinem Moment ein »war ja nicht so schlimm damals«, ganz im Gegenteil. Es war sehr schlimm, es war nicht zu rechtfertigen, und es war absolut unentschuldbar. Aber für sie war es eben verzeihbar.

Sie müssen nicht verzeihen. Und Sie können auch nicht erwarten, dass Ihnen verziehen wird. Aber selbst dann, wenn Sie am Ende eines Dialogs das Gefühl haben, nicht verzeihen zu können oder zu wollen, wird das Ritual Ihnen ein Stück mehr Klarheit und Freiheit gebracht haben. Und wer weiß, ob das, was Sie in diesem Ritual getan haben, nicht auch dazu führen wird, dass Sie einige Zeit später, Wochen, Monate oder Jahre, doch noch einmal zurückkehren und einen anderen Abschluss finden. Bedenken Sie, dass Sie ehrlich zu sich selbst sein müssen und nicht nur um des Verzeihens willen verzeihen können. Berücksichtigen Sie auch, dass Sie immer für sich selbst und nicht für Ihr Gegenüber verzeihen. Es geht ausschließlich um Sie und Ihren inneren Frieden!

Sie können auch Personen in Ihre Sterbehütte hereinbitten, hereinrufen oder sogar hereinzitieren, wenn diese nicht von selbst erscheinen. Sie haben in diesem Ritualraum große Macht darüber, wer in Ihre Sterbehütte kommen darf und wer nicht. In diesem Sinne können Sie auch unerwünschten Gästen den Eintritt verweigern oder sie hinausbitten (im Notfall auch hinauswerfen).

Es ist auch möglich, dass niemand Ihre Hütte betritt. Entweder gibt es nichts zu sagen, oder der Zugang zu diesem Ritual fällt Ihnen schwer. Falls Sie das Gefühl haben, dass Sie in Bezug auf dieses Ritual blockiert sind und sich trotzdem wünschen, dieses Naturritual durchzuführen, so empfehle ich, mit Fragen wie »Was brauche ich, um das Ritual ›Sterbehütte‹ durchführen zu können?« oder »Woran liegt es, was blockiert mich?« über die Schwelle auf Medizinwanderung zu gehen.

Das Ende des Rituals

Wenn Sie das Ritual beenden wollen, erklären Sie von Ihrem Sitzplatz aus die Audienz, das Gespräch, für beendet. Vielleicht ist es für Sie stimmig, sich zu diesem Zeitpunkt zu bedanken, bei allem, was Ihnen für dieses Ritual Unterstützung und Geborgenheit gegeben hat. Verlassen Sie Ihre Hütte in dem Bewusstsein, diese Tür hinter sich zu verschließen, aber jederzeit wiederkommen zu können. Zerlegen Sie anschließend Ihre Hütte in ihre Einzelteile, egal, ob es sich um eine komplette Laubhütte oder nur um ein paar symbolische Steine und Äste gehandelt hat.

Nachbereitung

Gönnen Sie sich am Abend nach dem Ritual etwas Ruhe und Entspannung. Sie können sich nach dem Ritual zu Hause auch symbolisch auf verschiedene Arten reinigen oder erden, falls Ihnen das ein Bedürfnis ist: Sie können unter strömendem Wasser unter der Dusche stehen oder ein salziges Bad nehmen (Element »Wasser«), eine Mahlzeit aus Wurzelgemüse zubereiten (Element »Erde«), räuchern (z. B. amerikanischen Wüstensalbei oder Wacholderholz; Element »Feuer«), oder Sie können sich vom Wind ordentlich durchpusten lassen (Element »Luft«).

Betrachten Sie mit einigem zeitlichen Abstand, wie sich Ihre Einstellung oder das Verhältnis zu den Personen, die in der Sterbehütte waren, verändert hat. Diese Veränderungen können schnell und sogar unmittelbar oder schleichend und im Laufe der Zeit stattfinden. Sie können das Ritual »Sterbehütte« jederzeit wiederholen, wenn Sie das Gefühl haben, dass es neue Aspekte oder Gesichtspunkte (oder tatsächlich neue zu klärende Beziehungen) gibt.

Nachgedanken

Tatsächlich ist das Bemühen, die eigenen äußeren Beziehungen im Zustand des »Geklärt-Seins« zu halten, ein fortlaufender und immer wieder zu wiederholender Prozess. Ein Prozess, das sollte ich hinzufügen, der sich lohnt, da niemand von uns weiß, wann unsere Zeit gekommen ist oder wann Menschen, mit denen wir noch etwas klären möchten, sterben werden. In diesem Sinne möchte ich Sie auch dazu ermutigen, Gespräche mit noch lebenden Menschen zu suchen, wenn es etwas zu klären gibt, damit Sie sich nicht, wenn es zu spät ist, vorwerfen, dass Sie wegen Kleinigkeiten, Empfindlichkeiten oder Trotz eine wichtige Gelegenheit zur Versöhnung im Leben verpasst haben.

Schattenarbeit

Versöhnung mit dem Inneren Kind

»Schatten«, das sind nach dem bekannten Psychoanalytiker C.G. Jung jene Aspekte unserer Persönlichkeit, die wir nicht oder zumindest nur eingeschränkt wahrnehmen können oder wollen. Wobei die Grenze zwischen »wollen« und »können« häufig etwas diffus ist.

Warum aber sollten wir Dinge über uns selbst ausblenden? Der offensichtlichste Grund ist, dass sie eventuell nicht besonders schmeichelhaft sind, wenn es z.B. um Charaktereigenschaften wie gierig, eitel, egoistisch, aggressiv, ungeduldig, feige oder bösartig geht. (Die Liste ließe sich noch beliebig lang fortsetzen.)

Wer will sich schon eingestehen, dass man ein Geizkragen ist, umso mehr, wenn man glaubt, ein besonders großzügiger Mensch zu sein? Selbst- und Fremdwahrnehmung können bekanntlich Welten auseinanderliegen.

Es gibt aber vielleicht noch einen anderen, weniger offensichtlichen Grund, warum man seine Schatten nicht erkennen will: weil sie einen mit den eigenen Verletzungen, Wunden und Traumata in Berührung bringen würden.

Ich denke, dass, abgesehen von wirklicher Bösartigkeit oder Psychopathie, viele negative Eigenschaften auf solche Verletzungen in unserer Kindheit zurückgehen. Gier kann für erlebten Mangel stehen, ebenso wie Egoismus. Eitelkeit kann ein Zeichen von Vernachlässigung sein, Aggressivität für Ängste und mangelndes Vertrauen. Ungeduld kann ein Zeichen für Verlassensängste sein, und Feigheit und Bösartigkeit können schlichtweg Bewertungen bzw. Urteile sein, die die Eltern einmal über einen gefällt haben, weil man sich als Kind nicht anders zu wehren wusste als durch Vermeidung von Konflikten oder trotziges Aufbegehren, wodurch man ihnen über den Kopf wuchs.

Es gibt viele Menschen, die sich nie mit ihrer eigenen Kindheit in der Tiefe beschäftigt haben, es gibt aber auch solche, die genau das bis zum Exzess getan haben und das Thema »Vergangenheitsbewältigung« nicht mehr hören können. Sollten Sie zu letzterer Gruppe gehören, möchte ich Sie um ein wenig Geduld bitten, vielleicht lohnt es sich für Sie, sich diesem Thema jenseits der Tiefenpsychologie zu nähern.

Ich davon überzeugt, dass viel persönliches Leid in unserem Leben darauf zurückgeht, dass wir nicht »ganz« sind und dass der Teil, der fehlt, nicht selten eben jenes Innere Kind ist, das wir ins Schattenreich verbannt haben, weil wir uns mit seinen traumatischen Erlebnissen, seinen Ängsten und für uns scheinbar unangenehmen Eigenschaften nicht beschäftigen wollen.

Weil nicht jedes Innere Kind automatisch auch ein »Schatten« ist, möchte ich im Folgenden zum besseren Verständnis von unserem »Schattenkind« sprechen.

Nehmen wir für einen Moment an, dass viele der Dinge, die wir an uns nicht mögen, die wir ignorieren oder im Extremfall tief in unser Unterbewusstsein verdrängt haben, etwas mit unserer Kindheit zu tun haben.

Stellen Sie sich weiterhin vor, dass es sich dabei keineswegs nur um eine »unbewältigte« Erinnerung handelt, sondern dass Sie noch immer dieses Kind, das Sie einmal waren, in sich tragen, im Hier und Jetzt.

Möchten Sie wissen, wie es diesem Kind geht? Oder lieber doch nicht?

Ablauf

Für das Naturritual »Schattenarbeit« begeben Sie sich in die Natur und suchen nach einem verwundeten Ort. Die Chancen stehen nicht schlecht, dass Sie Ihr Schattenkind genau dort treffen werden und einen heilsamen Versöhnungsprozess beginnen können.

Ich möchte im Folgenden das Ritual in einzelnen Schritten kurz vorstellen. Achten Sie dabei gut darauf, wie es Ihnen bei jedem dieser Schritte geht. Es ist völlig in Ordnung und sogar sinnvoll, wenn Sie bei einem dieser Schritte sagen: »Für heute reicht es.« Meinen Glückwunsch, dass Sie Ihre eigenen Grenzen wahrnehmen und diese respektieren! Sie können dann an einem anderen Tag mit diesem Ritual fortfahren.

Vorbereitung

Wissen Sie, um welche Schatten es bei Ihnen geht, welche Verhaltensweisen oder Eigenschaften Sie an sich nicht mögen? Ahnen Sie, worauf diese zurückgehen, was Sie in Ihrer Kindheit erlebt haben mögen, das für Sie unangenehm war?

Ich lade Sie dazu ein, zur Vorbereitung auf dieses Ritual einen Spaziergang in der Natur zu machen und sich diesem Thema intuitiv zu nähern und in sich hineinzuspüren. Es geht nicht darum, bewusst in alten Erinnerungen zu kramen, sondern darum, sich auf das kommende Ritual einzustimmen. In dem Moment, in dem Sie sich dazu entschlossen haben, dieses Ritual durchzuführen, hat in Ihrem Innern bereits ein Verändern und Vorbereiten stattgefunden, auch wenn Sie dies nicht bewusst wahrnehmen. Stellen Sie sich diesen inneren Vorgang als ein Reh vor, das den Kopf hebt, die Ohren in die verschiedenen Himmelsrichtungen dreht, aufmerksam nach neuen Gerüchen sucht und generell bereit ist, mit einem Satz im Unterholz zu verschwinden. Vielleicht verspüren Sie dabei eine leichte Nervosität oder Anspannung in Ihrem Körper, es ist aber auch möglich, dass Sie die Vorbereitung gar nicht bewusst wahrnehmen. Der Spaziergang dient dazu, einen intuitiven und emotionalen Zugang zu dem Ritual zu finden, also ein Gefühl dafür zu bekommen, um was es geht und was auf Sie zukommen mag.

Eine Anregung ist, gerade dieses Ritual in der Morgen- oder Abenddämmerung durchzuführen und dabei darauf zu achten, dass man nicht zu spät beginnt. Sie können ein Bild von sich selbst als Kind mitnehmen oder einen Gegenstand, der für Sie als Kind von Bedeutung war, z. B. eine Puppe oder ein Stofftier.

Es ist nicht möglich, vorherzusagen, wie das Ritual ablaufen wird, ob Sie es als hell, freudig und leicht oder dunkel, traurig und schwer empfinden werden. Es ist möglich, dass das Schattenkind, das Sie eventuell seit Jahren vernachlässigt und ignoriert haben, zu Beginn nicht besonders dankbar sein wird, wenn Sie jetzt den Kontakt suchen. Gleichwohl möchte ich Sie zu diesem Ritual ermutigen, weil es ein besonderes Potenzial zur Heilung besitzt.

Vor der Schwelle

Errichten Sie Ihre Schwelle, und bitten Sie, bevor Sie diese überschreiten, darum, einen verletzten Ort in der Natur finden zu dürfen, an dem Sie Ihr Schattenkind treffen können. Gerade für dieses Naturritual können Sie gut um Beistand bitten, sich an Ihren Gott/Ihre Göttin, Schutzengel, Krafttiere, gute Geister, Ahnen oder Ähnliches wenden.

Der verletzte Ort

Was ist ein verletzter Ort in der Natur? Die Frage sollte eher lauten: Was verstehen Sie unter einem verletzten Ort in der Natur? Und vielleicht noch wichtiger: Sie suchen nicht nach irgendeinem verletzten Ort, sondern nach einem, der einen Bezug zu Ihrem Schattenkind hat. Es kann sich bei Ihrem verletzten Ort z. B. um einen umgestürzten oder seltsam geformten Baum, vielleicht auch einen besonders scharfkantigen Felsen handeln. Es gibt noch viele weitere Beispiele, ich möchte aber Ihrer Fantasie nicht vorweggreifen. Sie können ziemlich einfach erkennen, ob Sie Ihren verletzten Ort gefunden haben: Erstens, er sticht Ihnen ins Auge, zieht Sie magisch an. Und zweitens, Sie reagieren stark emotional auf ihn und zwar wahrscheinlich negativ, mit Abscheu, Ekel, Angst, Wut etc. Es zieht Sie also zu diesem Ort, weil Sie ganz bewusst dieses Naturritual mit der Bitte begonnen haben, dass Sie diesen Ort finden wollen, und gleichzeitig wird es eine Stimme in Ihnen geben, die Ihnen rät, nicht zu diesem Ort zu gehen. Denn schließlich haben Sie diesen Ort, also die Beschäftigung und Auseinandersetzung mit Ihrem Schattenkind, vielleicht jahrelang gemieden. Insofern dürfen Sie sich selbst durchaus mit Sanftheit und Verständnis begegnen: Ja, es ist nicht einfach, sich diesem verletzten Ort zu nähern, an dem Sie vielleicht Trauer und Schmerz erwarten. Und gleichzeitig dürfen Sie auch Ihren Willen stärken und sagen: »Es ist Zeit, sich diesem Thema zu stellen.« Denken Sie daran, dass der Rahmen des Naturrituals Ihnen auch Geborgenheit und Sicherheit bietet.

Wenn Sie an Ihrem verletzten Ort angekommen sind, dann spüren Sie erst einmal in sich hinein: Was nehmen Sie wahr? Versuchen Sie, diese Wahrnehmung, so gut es geht, zu beschreiben, ohne sie zu bewerten.

Wenn Sie das Gefühl haben, gut mit dem Naturritual fortfahren zu können, dann gehen Sie von der inneren in die äußere Wahrnehmung: Wie sieht Ihr verletzter Ort aus? Was macht ihn aus? Wie fühlt er sich an, wenn Sie ihn berühren? Beschreiben Sie ihn so, als würden Sie ihn einem Fremden beschreiben. Der Sinn dahinter ist, dass Sie diesen verletzten Ort kennenlernen. Es wird mindestens eine auffällige »Verletzung« geben, die Sie an diesem Ort erkennen; vielleicht kommen weitere hinzu. Es ist aber auch möglich, dass Sie noch ganz andere Dinge wahrnehmen, dass Ihnen z. B. bewusst wird, was an diesem Ort auch schön oder faszinierend ist.

Wenn Sie so weit sind, dann bitten Sie Ihr Schattenkind, an diesem Ort zu erscheinen. Mit großer Wahrscheinlichkeit werden Sie nun keine tatsächliche Erscheinung erleben, sondern eine Veränderung in der Stimmung wahrnehmen. Es mag auch sein, dass Sie ein Tier in der Nähe Ihres verletzten Ortes wahrnehmen, z. B. einen Schmetterling, eine Maus oder eine Amsel. Versuchen Sie, mit dieser veränderten Stimmung zu arbeiten, indem Sie einen (inneren) Dialog mit Ihrem Schattenkind beginnen. Eine ganz einfache Eingangsfrage könnte sein, wie sich Ihr Schattenkind jetzt gerade fühlt.

Was im Folgenden geschieht oder in welche Richtung sich Ihr Dialog entwickeln wird, lässt sich nicht vorhersagen. Vielleicht haben Sie wider Erwarten ein ganz harmonisches Zusammensein, oder vielleicht ist diese erste Zusammenkunft von (gegenseitigen?) Vorwürfen geprägt, von Wut, Trauer oder Angst, um nur einige Gefühle zu nennen. Das ist o.k. Das Schattenkind hat ein Schattendasein geführt, weil Sie es dazu verbannt haben. Das mag Ihnen nicht bewusst gewesen sein, vielleicht meinten Sie auch, dafür gute Gründe gehabt zu haben. Nur sollten Sie von Ihrem Schattenkind dafür kein Verständnis erwarten. Abgesehen davon, dass Sie sich nicht im Recht befinden, liegt es in der kindlichen und kindischen Natur, direkt emotional und z. B. auch trotzig zu sein. Betrachten Sie diesen Dialog als ersten Versuch, sich wieder kennenzulernen und anzunähern. Ich kann mir vorstellen, dass die folgenden Treffen leichter sein werden. Vermeiden Sie bitte Rechtfertigungen aller Art. Vielleicht hören Sie erst einmal nur zu, und das reicht für dieses erste Treffen.

Schauen Sie, wann für Sie der Moment gekommen ist, dieses Naturritual zu beenden und sich von Ihrem Schattenkind zu verabschieden. Tun Sie das mit größtmöglicher Sanftheit und Klarheit, auch wenn es Ihnen schwerfällt.

Verlassen Sie den Ritualraum wieder über Ihre Schwelle mit der klaren Vorstellung, diese Thematik für diesen Tag hinter sich und ruhen zu lassen.

Nachbereitung

Vielleicht hatten Sie eine gute, leichte und spielerische Zeit im Zusammentreffen mit Ihrem Schattenkind. Und vielleicht auch nicht. Wie gesagt, Schattenarbeit ist oftmals eine große Herausforderung für uns, aber trotzdem oder vielleicht auch gerade deswegen heilsam. Stellen Sie nicht zu hohe Ansprüche an sich. Erwarten Sie nicht, dass Sie Ihren Schatten, also Ihr Schattenkind, ganz plötzlich lieb haben und total toll finden. Erwarten Sie nicht, dass Ihr Schattenkind Sie lieb hat, auch wenn klar sein sollte, dass es sein Herzenswunsch ist, von ihnen geliebt zu werden. Seien Sie sanft zu sich selbst, zu Ihrer Ungeduld, und machen Sie sich keine Selbstvorwürfe. Das ist ein ganz wichtiger Punkt. Sollten Sie zu den Menschen gehören, die schlecht über sich selbst denken oder sogar laut reden (»Ich Idiot, warum habe ich schon wieder …!?«), dann machen Sie sich klar, dass Sie diese Unverzeihlichkeit auch Ihrem Schattenkind gegenüber zeigen, ja, wahrscheinlich ist das genau der Kern für Ihre mangelnde Selbstannahme. Insofern wäre es fast schon ironisch, wenn Sie sich gerade jetzt wieder Vorwürfe machen sollten. Also: Seien Sie sanft zu sich selbst nach diesem Ritualtag (und gern auch darüber hinaus)!

Nachtrag

Es ist natürlich auch möglich, dass Ihr Schattenkind gar nicht erschienen ist, dass Sie also keine Veränderung wahrgenommen haben, nachdem Sie die Einladung an Ihr Schattenkind ausgesprochen haben. Dafür gibt es zwei mögliche Gründe: Sie sind innerlich nicht bereit, sich Ihren Schatten anzuschauen. Oder Ihr Schattenkind hat sich sehr tief zurückgezogen. In beiden Fällen möchte ich Sie ermutigen, an der Sache dranzubleiben, und darüber hinaus anregen, sich professionelle Begleitung zu suchen, z. B. in Form eines erfahrenen Therapeuten oder Coachs, falls Sie der Meinung sind, dass dieses Thema wichtig für Sie ist.

Überhaupt gilt es, dieses Naturritual als einen ersten Schritt auf einem hoffentlich heilsamen und zunehmend glücklicheren Lebensweg zu betrachten. Treffen Sie Ihr Schattenkind wieder, verabreden Sie sich dazu mit ihm, und halten Sie diese Verabredungen ein. In dem Maße, in dem Sie eine vertrauensvolle und freudvolle Beziehung zu Ihrem Schattenkind aufbauen, wird aus dem Schattenkind ein glückliches Inneres Kind, eine leuchtende Kraftquelle in Ihrem Innern.

Begegnen Sie Ihrem Schattenkind mit Sanftheit, Klarheit und Mitgefühl. Vermeiden Sie es, die Rolle zu spielen, die womöglich Ihre eigenen Eltern in Ihrem Leben gespielt haben (z. B. durch übermäßige Strenge, Bestrafung durch Liebesentzug und Isolation). Machen Sie es anders, und machen Sie es besser.
An einem ehrlich gemeinten »bitte verzeihe mir« in Richtung Ihres Schattenkindes kommen Sie vermutlich nicht vorbei, aber wann Sie an diesen Punkt gelangen, spielt nicht die entscheidende Rolle.

Verwurzeln

Ein Erdritual

Kennen Sie das Gefühl, neben sich zu stehen, den Boden unter den Füßen verloren zu haben und irgendwie nicht mehr in der eigenen Kraft zu sein? Dabei ist dieses Gefühl, nicht mehr verwurzelt zu sein, nicht immer unangenehm: Auch Euphorie oder Begeisterung können dazu führen, dass man den Bodenkontakt verliert. Manchmal landet man sanft, andere Male etwas härter.

Aber in der eigenen Mitte zu stehen, sich mit sich selbst, der Umwelt, den Mitmenschen und der Natur verbunden zu fühlen, ist die Basis dafür, kraftvoll die eigenen Träume verwirklichen zu können. Stellen Sie sich einen Baum als Beispiel dafür vor: Eine starke Verwurzelung ermöglicht es dem Baum, hoch hinauszuwachsen und ein weites Kronendach zu bilden. Dieses Ritual soll das Verwurzeln stärken oder das Wiederverwurzeln ermöglichen.

Ablauf

Sie brauchen einen Baum! Vielleicht haben Sie einen Lieblingsbaum, den Sie aufsuchen können, vielleicht wollen Sie sich auch treiben lassen, bis Sie »Ihren« Baum gefunden haben.

Die erste Phase besteht also darin, sich in die Natur zu begeben und einen für dieses Ritual passenden Baum zu finden. Anschließend verbinden Sie sich mit der verwurzelnden Energie des Baumes und verbringen die Ritualzeit am Baum. Am Ende stehen das Ablösen, das Abschiednehmen und das Heimkehren.

Vorbereitung

Für das Naturritual brauchen Sie ganz wenig: wie immer genügend zu trinken für unterwegs und gern eine warme Decke, um längere Zeit am Baum sitzen bleiben zu können.

Spüren Sie, direkt bevor Sie hinaus in die Natur gehen, z. B. am Waldrand oder vor dem Eingang zum Stadtpark, noch einmal in sich hinein: Wie fühlen Sie sich im Moment? Und wie wollen Sie sich fühlen? Senden Sie Ihre Bitte um Unterstützung für Ihre Verwurzelung aus, bevor Sie sich auf den Weg machen. Ist es Ihnen zu peinlich, z. B. am Eingang des Stadtparks regungslos zu verharren, dann setzen Sie sich dazu doch auf eine Parkbank oder einen Holzstoß am Wegesrand.

Dieses Ritual eignet sich gut für warme und trockene Tage ab dem Frühsommer und bis in den goldenen Herbst hinein. Wählen Sie für dieses Ritual einen Ort, an dem Sie ungestört sind. Nehmen Sie sich genug Zeit, also wenigstens eine Stunde für das gesamte Ritual.

Finden Sie Ihren Baum!

Gerade alte Bäume sind für dieses Ritual gut geeignet, weil sie eine eigene Ruhe und Kraft ausstrahlen. Dazu kann man auch gut einen Stadtpark oder gegebenenfalls einen botanischen Garten aufsuchen, weil man dort häufig schöne und alte Exemplare findet. Falls es Sie an einen solchen belebteren Ort zieht, dann kann es nützlich sein, sich Ohrenstöpsel und eine Sonnenbrille mitzunehmen, um sich ganz auf das innere Erleben konzentrieren zu können und um möglichst wenig vom Außen abgelenkt zu werden.

Ich bin der Meinung, dass es auch seinen Reiz hat, einen neuen Baum für dieses Ritual zu finden, ohne vorher zu bestimmen, um welche Baumart es sich handeln soll; jeder Baum als Individuum und jede Baumart hat seine/ihre eigenen Charakteristika. Vertrauen Sie darauf, für dieses Ritual den Baum zu finden, den Sie gerade brauchen! Falls Sie in ein Waldgebiet gehen, dann können Sie sich auf den Wegen oder querfeldein treiben lassen und müssen nur darauf achten, sich nicht zu verirren. Vielleicht »stolpern« Sie wie zufällig über Ihren Baum, vielleicht sehen Sie auch schon von Weitem, zu welchem Baum es Sie hinzieht.

Ihr Baum!?

Egal, ob Sie einen alten Bekannten aufsuchen oder einen neuen Baum entdeckt haben, bleiben Sie ein paar Meter vor dem Stamm stehen, und nähern Sie sich die letzten Meter sehr bewusst und achtsam. Was nehmen Sie in diesen Momenten wahr? Wie fühlt es sich an? Was strahlt dieser Baum jetzt aus? Gehen Sie dieses Sondieren mit Ihrem Herz und Ihrem Verstand an: Suchen Sie nach einem gesunden Baum, und vermeiden Sie es, sich mit einem kranken oder schwachen Baum zu verbinden. Es ergibt wenig Sinn, sich an und mit einem Baum zu verwurzeln, der selbst krank ist und vielleicht sogar um sein Überleben kämpft.

Hinweise darauf, dass ein Baum womöglich krank ist, sind ein lückenhaftes Blätterdach, viele abgestorbene Äste am Baum oder Pilze auf der Baumrinde.

Legen Sie, wenn Sie Ihren Baum erreicht haben, zuerst Ihre Hände auf den Stamm, und fragen Sie sich, ob Sie das Gefühl haben, an diesem Ort und mit diesem Baum Ihr Naturritual durchführen zu können. Vermeiden Sie ebenso eine negative Erwartungshaltung (»Das darf ich eh nicht.«) wie eine Einstellung, bei der Sie die Zustimmung für selbstverständlich halten.

Das Ritual selbst ist extrem einfach: Setzen oder stellen Sie sich mit dem Rücken an den Stamm, und lehnen Sie sich an. Besonders hilfreich ist es, wenn Sie dabei möglichst viel Hautkontakt zur Baumrinde haben, also durch einen freien Rücken. Dazu können Sie sich z. B. den Pullover am Rücken hochziehen. Und ziehen Sie ruhig Schuhe und Socken aus. Sie können Ihre Füße entweder auf den Wurzeln ablegen oder sie regelrecht in die Laub- oder Nadelschicht am Fuße des Baumes eingraben. Lehnen Sie noch den Hinterkopf an den Baum, dann ist die Verbindung perfekt.

Was nun? Meiner Erfahrung nach müssen Sie gar nichts tun. Sie können Ihren Gedanken nachhängen, sich ganz auf Ihren Atem konzentrieren/ meditieren oder ins Körpergefühl gehen (also spüren, wo Sie der Baum berührt). Sie können auch visualisieren, wie Sie sich ganz an den Baum andocken, wie die Energie des Baumes (als Licht) von seinen Wurzeln über den Stamm und Ihren Rücken zur Krone (oder Spitze) aufsteigt und wie Sie Teil von diesem Kreislauf werden. Sie können sich vorstellen, wie Ihre Füße eigene Wurzeln ausbilden, sich tief in den Boden graben und sich dabei mit den Wurzeln des Baumes verbinden. Wichtig ist, dass Sie sich an dieser Stelle etwas Zeit nehmen. Wenn Sie in dieser Position eine halbe Stunde (oder länger) verbleiben können: Toll! Aber es sollten mindestens zehn Minuten sein, sonst ergibt dieses Naturritual wenig Sinn.

Überhaupt eignet sich dieses Naturritual hervorragend für die spirituelle Praxis. Was für den Buddha, der unter dem Bodhi-Baum Erleuchtung erfuhr, gut war, ist es auch für uns.

Sie können dieses Ritual auch mit dem in diesem Buch beschriebenen Ritual »Kraftort« verbinden.

Ritual beenden, verwurzelt bleiben

Wenn Sie das Ritual beenden möchten, lösen Sie sich vom Baum, bedanken und verabschieden Sie sich. Vielleicht finden Sie für das nächste Verwurzlungsritual einen anderen Baum, vielleicht kehren Sie aber auch zurück, und es entsteht im Laufe der Zeit eine echte »Baumfreundschaft« zu Ihrem Baum.

Nachbereitung

Bei manchen Ritualen ist es gut, sich aus der sakralen oder ernsten Ritualstimmung ins pralle Leben zu stürzen. Hier bietet es sich jedoch an, das Ritual, wenn möglich, bedächtig nachwirken zu lassen. Sie können das auch sehr bewusst tun, indem Sie im Anschluss an das Ritual ein »erdendes« Mahl mit viel Wurzelgemüse zu sich nehmen und es so noch etwas nachwirken lassen.

Nachtrag

An dieser Stelle möchte ich Ihnen noch von einer persönlichen Erfahrung berichten, die zeigt, was geschehen kann, wenn man einen kranken oder angeschlagenen Baum für sein Naturritual auswählt.

Auf der Suche nach einem Kraftort fand ein Seminarteilnehmer mitten im Wald eine ganz schiefe Hainbuche, aus deren Stamm und Ästen eine Vielzahl von kleinen Ästchen mit Blättern herauswuchs, sogenannte Angsttriebe. Dieser Baum strahlte auf seltsame Weise sowohl etwas Dunkles und Abschreckendes also auch etwas Vertrautes und Anziehendes auf ihn aus. Er befand sich selbst in einer Lebensphase des Umbruchs, und vielleicht erschien ihm deswegen dieser Baum als eine Art »Leidensgenosse«. Er verbrachte im Laufe der Tage viel Zeit an seinem »Kraftort« und hatte einerseits das Gefühl, am für ihn richtigen Ort zu sein, andererseits hatte er nicht den Eindruck, belebt oder gekräftigt von dort zurückzukehren. Erst im Nachhinein erkannte er, was sich an diesem Baum abgespielt hatte: Eine benachbarte Fichte war in »seine« Hainbuche gestürzt und hatte diese dabei fast umgekippt. Im Laufe der Jahre war die Fichte fast komplett vermodert, während die Hainbuche in ihrem oberen Drittel begonnen hatte, so zu wachsen, dass sie ihre Schräglage ausgleichen konnte. Die große Anzahl an kleinen Angsttrieben deutete darauf hin, dass die Hainbuche sich dabei tatsächlich in einer Art Überlebenskampf befand: Sie investierte einen Großteil ihrer Energie darauf, noch einmal Samen zu bilden und so die eigene Nachkommenschaft zu sichern. Der Seminarteilnehmer hatte sich also einen Baum gesucht, der tatsächlich ein kraftvoller Spiegel für seine eigene Lebenssituation war, aber nicht wirklich geeignet war, um von ihm Kraft zu tanken.

Erfolge feiern

Wie gehen Sie mit Ihren Erfolgen um? Oder vielleicht sollte ich zuerst fragen: Was bedeutet Erfolg für Sie? Beförderung, ein neuer Job, mehr Gehalt, ja, das sind Erfolge. In einer schwierigen Situation souverän zu bleiben, für den Partner präsent zu sein, seine Ängste zu überwinden und z. B. trotz Flugangst in das Flugzeug zu steigen, auch das sind Erfolge, um nur einige Beispiele zu nennen. Wann sind Sie also stolz auf sich? Und wie drücken Sie das aus?

Falls Sie zu den Menschen gehören, denen es grundsätzlich schwerfällt, sich auch einmal selbst anerkennend auf die Schulter zu klopfen, getreu dem alten (und kontraproduktiven) Glaubenssatz »Eigenlob stinkt«, dann ist es gerade jetzt an der Zeit für Sie, Wertschätzung Ihren eigenen Leistungen und Fähigkeiten gegenüber zu entwickeln! Warum? Auch Erfolge sind kleine oder größere Lebensübergänge, für die Rituale sinnvoll sind. Sind Sie nicht in der Lage, diese Lebensübergänge als solche wahrzunehmen und bewusst zu gestalten, dann berauben Sie sich einer großen und noch dazu angenehmen Chance zur Entwicklung Ihrer Persönlichkeit.

Ablauf

Wie möchten Sie denn feiern? Und wo? Und mit wem? Und was genau möchten Sie feiern? Möchten Sie auf einer Waldlichtung tanzen oder freudig ins azurblaue Meer springen? Möchten Sie Ihren Erfolg von einem Berggipfel herunterschreien oder sich einfach nur zufrieden mit einem Glas Wein an einen Baum lehnen? (Hier finde ich eine Ausnahme von der Regel »Kein Alkohol während Naturritualen!« durchaus vertretbar.)

Ich weiß, ich mache Ihnen das Leben gerade nicht einfacher, indem ich nur Anregungen, aber keinen konkreten Ablauf anbiete. Denn dieses Thema ist einfach zu individuell, sowohl in Bezug auf den Erfolg, den Sie feiern möchten, als auch in Bezug auf Ihre Persönlichkeit. Nehmen Sie doch die Fragen am Anfang dieses Absatzes als Anregung, zuerst Ihre Antworten darauf in der Natur zu finden. Sie können das durchaus im Rahmen einer Medizinwanderung machen (s. S. 41), oder Sie können sich auf einem Waldspaziergang oder an Ihrem Kraftort Gedanken zu diesem Thema machen.

Vorbereitung

Wenn Sie wissen, wie Ihr Naturritual im Groben aussehen soll und was Sie dafür brauchen, dann errichten Sie auch für dieses Naturritual eine Schwelle in der Natur. Machen Sie sich vor dem Überschreiten der Schwelle bewusst, worum es Ihnen geht und was Ihr Beitrag zu Ihrem Erfolg war. Sie können z. B. an der Schwelle stehen und sagen: »Ich feiere meinen Mut, zu mir selbst zu stehen und meine Grenzen zu respektieren. Gestern habe ich Nein gesagt, als ich gefragt wurde, ob ich über das Wochenende noch schnell einen Kuchen für das Vereinstreffen backen könne, obwohl ich gerade so viel zu tun habe. Diesen Erfolg möchte ich feiern!«

Oder: »Ich möchte die Gehaltserhöhung feiern. Ich habe mich angestrengt, mich eingebracht, war kreativ und engagiert und ernte nun die Früchte für meine Arbeit. Diesen Erfolg möchte ich feiern!«

Falls Sie nicht gut darin sind, Ihren eigenen Beitrag und Ihre eigene Leistung wertzuschätzen, dann werden Sie versucht sein, Ihren Erfolg kleinzureden und Ihren Beitrag wenig zu würdigen: »Ich feiere meine Gehaltserhöhung. Da habe ich total Glück gehabt, dass ich die bekommen habe, obwohl ich so eine faule Socke bin!« Dieses Beispiel schreibe ich mit einem Augenzwinkern, aber ich meine es durchaus ernst, wenn ich darauf hinweise, dass Sie sich selbst um Ihren Erfolg betrügen, im wahrsten Sinne des Wortes, wenn Sie Ihren Beitrag dazu nicht würdigen!

Sie überschreiten also die Schwelle, und nun kann es losgehen.

Die Feier

Ich habe ja schon Beispiele dafür gegeben, wie man feiern kann oder wie ich feiern würde, aber ich bin sicher, dass Ihnen noch viel mehr Ideen einfallen. Mit dem Überschreiten der Schwelle haben Sie klar zum Ausdruck gebracht, worum es geht, und nun liegt es bei Ihnen, ob das Ritual kurz oder lang, laut oder leise, energetisch oder bedächtig sein soll. Schauen Sie, was für Sie stimmig ist. Und wenn Sie feststellen, dass Sie sich bei Ihrem ersten Versuch »vertan« haben, dann geben Sie sich die Freiheit, das Ritual zu verändern und anzupassen.

Achten Sie darauf, dass das Feiern etwas ist, mit dem Sie sich selbst belohnen. Was tut Ihnen also gut? Wozu haben Sie Lust? Drücken Sie diese Freude aus, auf Ihre Art und Weise, egal, ob es sich um das besagte Glas Wein, ein leckeres Picknick im Wald oder einen (vorsichtigen) Sprung ins herrlich kühle Nass handelt.

Dankbarkeit

Damit bin ich bei einem weiteren ganz wichtigen Aspekt dieses Rituals, nämlich der Dankbarkeit. Denn Dankbarkeit ist eine Form der Wertschätzung, und genau darum geht es ja bei diesem Ritual »Erfolge feiern«. Ihr erster Dank sollte Ihnen selbst gelten: Achten Sie auch in Ihrem Ritual darauf, Ihren Beitrag zu Ihrem Erfolg zu würdigen. Vielleicht sitzen Sie mit Ihrem Glas Wein im Sommer am Fuße einer schönen Rotbuche, lehnen sich gemütlich zurück, betrachten das Spiel von Licht und Schatten in den Blättern und sagen sich mit einem Lächeln: »Das habe ich toll gemacht!« Oder Sie stehen auf einem Berggipfel. Es kommt gerade kein anderer Wanderer vorbei, und Sie stoßen einen Freudenschrei aus und klopfen sich dabei auf die Brust: »Ich habe für meinen Erfolg gekämpft, ich habe es geschafft!«

Welcher Teil von Ihnen hatte Anteil an Ihrem Erfolg? War Ihr innerer Krieger gefragt oder Ihr reifes, erwachsenes Ich? War es Ihr Mut, Ihr Durchhaltewillen, Ihr Mitgefühl oder Ihre Ehrlichkeit, der Sie Ihren Erfolg verdanken? Oder gleich mehrere dieser Alternativen?

Ich habe eine Anregung für Sie: Wenn es in Ihr Ritual passt, dann nehmen Sie doch Tierkarten (z. B. ein Tierkartenset oder -quartett) oder ein paar Bilder von Tieren mit in die Natur. Und wenn Sie dann darüber nachsinnen, welche Anteile in Ihnen zu Ihrem Erfolg beigetragen haben, wählen Sie dafür eine Tierkarte aus, gern intuitiv und ohne lange zu überlegen. Und laden Sie im Anschluss dieses Tier dazu ein, im Geist an Ihrem Ritual »Erfolge feiern« teilzuhaben.

Vielleicht merken Sie, dass es der Tiger ist, der vom Berggipfel seinen und Ihren Erfolg herausbrüllt, oder, wenn Sie sich für das Tanzen auf der Waldlichtung entschieden haben, dass ein Bär mit Ihnen oder ein Eichhörnchen um Sie herum tanzt.

Von diesem Vorgehen profitieren Sie auf zweierlei Weise: Erstens wird Ihnen bewusst, was in Ihnen steckt, welches Tier Ihnen da seine Kräfte und Fähigkeiten zur Verfügung stellt, und zweitens aktivieren und stärken Sie diese Eigenschaften auch für die Zukunft, wenn Sie sie an Ihrer Feier teilhaben lassen.

»Das Glück ist mit die Dummen«, sagt man im Ruhrpott, und das ist nicht nur grammatikalisch falsch. Das Glück ist mit den Fleißigen. Mit den Mutigen. Mit den Cleveren und Gewitzten. Mit den Tapferen.

Man kann den Spruch »Hilf dir selbst, dann hilft dir Gott« so deuten, dass das Schicksal (ich drücke mich absichtlich »glaubensneutral« aus) dem hilft, der an sich selbst glaubt, der in seiner eigenen Kraft steht und aus dieser Kraft heraus handelt. Wenn Sie Ihre Erfolge feiern, dann stärken Sie genau dieses »Aus-Ihrer-Kraft-heraus-Handeln«.

Seien Sie gleichermaßen großzügig darin, Ihren Erfolg zu teilen, wie Sie vorher großzügig darin waren, Ihre eigene Leistung anzuerkennen (in dieser Reihenfolge): Wer hat Anteil an Ihrem Erfolg außer Ihnen selbst? Wem möchten Sie danken? Das können geistige Kräfte sein, z. B. Ihr Gott, oder auch die Erinnerung an eine lebendige oder verstorbene Person, die Ihnen dabei geholfen hat, zu der Person zu werden, die Sie heute sind (z. B. Eltern oder Großeltern). Das können aber auch ganz konkret Personen aus Ihrem Alltag sein, die Ihnen bei Ihrem Erfolg geholfen haben, z. B. ein wohlwollender und großzügiger Vorgesetzter (den ich allen wünsche). Sie können Ihren Dank still oder laut ausdrücken, Sie können aber auch in der Tradition vieler indigener Kulturen Ihren Dank durch ein kleines Geschenk, ein »Opfer«, zum Ausdruck bringen. Dazu gehört das Räuchern mit heiligen Pflanzen (z. B. Tabak, Wüstensalbei, Wacholderholz oder Beifuß). Sie können auch ein schönes Lied singen oder eine Melodie auf Ihrem Instrument spielen. Letztendlich können Sie auch etwas Wasser auf die Erde gießen oder etwas Nahrung zurücklassen. (Die Tiere des Waldes werden es Ihnen danken, vor allem dann, wenn es sich um natürliche Lebensmittel wie Honig, Nüsse oder Obst handelt.)

Das Ende der Feier

Egal, wie Sie Ihren Erfolg gefeiert haben, irgendwann geht auch diese Zeit zu Ende, und Sie müssen sich verabschieden. Tun Sie das wieder an einer/Ihrer Schwelle. Sie haben Ihrem Erfolg Raum und Zeit gegeben, und nicht nur das, sondern Sie haben Ihrem Erfolg auch Ritualraum und Ritualzeit gegeben. Sie werden sehen, dass das nicht »nur« Ihr Leben bereichert, sondern Sie auch dabei stärken wird, weitere Erfolge zu haben. Verdanken Sie z. B. einen Erfolg Ihrem Mut und feiern Sie diesen Mut mit diesem Ritual, dann wird es Ihnen in Zukunft noch leichter fallen, mutig zu sein. Ihr Mut fühlt sich sozusagen wertgeschätzt und dazu eingeladen, in Ihrem Leben zu wachsen.

Nachbereitung

Dieses Ritual müssen Sie nicht nachbereiten, aber es spricht auch nichts dagegen, den Abend ebenso angenehm ausklingen zu lassen, wie Sie zuvor die Zeit im Naturritual verbracht haben. Ich lade Sie dazu ein, das Feiern Ihrer Erfolge zur Regel und nicht zur Ausnahme zu machen, achtsam und wertschätzend darauf zu schauen, wenn Sie erfolgreich sind, wie auch immer Sie »Erfolg« für sich definieren.

Erfolge feiern

Kraftort
Ein alltägliches Ritual

Die Veränderung, die dieses Naturritual bewirkt, erfolgt langsam und aufgrund von Wiederholungen des Rituals, wodurch es in diesem Buch eine Sonderstellung einnimmt.

Ablauf

Ein persönlicher Kraftort, das kann fast alles sein: ein Baum im nahen Park, eine Lichtung im Wald oder ein Sitzplatz am Bach. Eigentlich spricht auch nichts dagegen, den eigenen Balkon oder die Parkbank um die Ecke zu einem Kraftplatz zu machen. Ich empfehle jedoch, dass Sie, wenn Sie sich schon auf dieses Naturritual einlassen, einen Schritt tiefer in das Naturgefühl gehen und einen Ort aufsuchen, an dem Sie die Natur sehen, hören, riechen und eben auch spüren können. Das kann ein Baum sein, dessen Stamm Sie im Rücken spüren, oder die Erde, auf der Sie sitzen. Die Kraft dieses Naturrituals liegt im Gegensatz zu vielen anderen in der Wiederholung, also darin, den Kraftort regelmäßig, wenn möglich täglich, für mindestens eine Viertelstunde aufzusuchen.

Vorbereitung

Kennen Sie Orte in der Natur, an denen Sie sich besonders wohlfühlen und die Sie immer wieder gern aufsuchen? Dann haben Sie wahrscheinlich schon den ersten Teil dieser Übung gemeistert. Wer noch auf der Suche nach einem Kraftort ist, dem empfehle ich, mit dieser Frage bzw. Bitte die Schwelle zu überschreiten und eine Medizinwanderung zu machen. Tun Sie das, wenn möglich, in großer Nähe zu Ihrem Wohnort, damit Sie Ihren Kraftort möglichst einfach regelmäßig aufsuchen können.

Die Suche nach einem Kraftort

Wenn Sie auf die Suche nach Ihrem Kraftort als Teil einer Medizinwanderung gehen, lassen Sie sich jenseits der Schwelle treiben, und seien Sie offen dafür, auch in einer Ihnen bekannten Umgebung Neues zu entdecken. Versuchen Sie nicht, einen Ort nach bestimmten Kriterien zu finden (»Möglichst leise, blickgeschützt, und eigentlich suche ich sowieso eine Eiche.«), sondern vertrauen Sie auf Ihre Intuition und die Führung der Medizinwanderung.

Wenn Sie an einen Ort kommen, an dem Sie einmal »Probesitzen« wollen, dann lassen Sie sich Zeit dabei. Es gibt hierbei kein Richtig oder Falsch, sondern nur Ihre Wahrnehmung in Bezug auf »stimmig« oder »unstimmig«. Ihr Kraftort wird Sie eine Zeit lang im Leben begleiten und mag sich auch nach einiger Zeit wieder ändern. Denn die Wahl Ihres Kraftortes sagt auch etwas über Sie und Ihre Bedürfnisse in Bezug auf den Begriff »Kraft« aus: Den einen zieht es auf den Berggipfel oder zumindest zu einem erhöht gelegenen Ort, die andere fühlt sich im tiefen und dichten Wald am wohlsten. Ersteres mag für ein Bedürfnis nach Freiheit, Weite, vielleicht aber auch Kontrolle stehen (»Ich sehe jeden, der sich nähert.«). Letzteres mag für das Bedürfnis nach Geborgenheit und Schutz stehen, also nach einem verborgenen Ort, an dem man mit sich und der Natur allein ist. Jemanden, den es zum Wasser zieht, treibt etwas anderes an als jemanden, der seinen Kraftort auf einem hohen Ast im Baum findet. Die Möglichkeiten sind geradezu unbegrenzt. Ich möchte durch diese Beispiele lediglich Ihre Achtsamkeit darauf richten, dass Ihr Kraftort mehr über Sie, Ihre Bedürfnisse und Ihren Standpunkt im Leben aussagt, als Ihnen vielleicht bewusst ist. In diesem Sinne ist ein Kraftort auch wandelbar, und zwar in dem Maße, in dem Sie sich verändern oder in dem das Leben um Sie herum sich verändert.

Gleichwohl sollten Sie der Versuchung widerstehen, unruhig getrieben nach immer »besseren« Kraftorten zu suchen, weil Sie mit dem Ort, den Sie gerade gefunden haben, nie zufrieden sind. Auch das sagt einiges über die Person aus, der es so ergeht. Meine Anregung in einer solchen Situation, oder überhaupt dann, wenn Sie sich nicht sicher sind, ob Sie an Ihrem Kraftort angekommen sind, ist: Bleiben Sie eine Zeit lang an diesem Ort. Kehren Sie mindestens drei Mal zurück, bevor Sie sich entscheiden, nach einem anderen Ort zu suchen. Haben Sie eine Tendenz dazu, den Kraftort immer wieder wechseln zu wollen, dann schauen Sie, wie sich Ihr Leben darin widerspiegelt. Vielleicht befinden Sie sich gerade in einer Situation, in der Sie nicht wissen, wo Sie hingehören, was Sie tun sollen oder welche Entscheidung Sie treffen sollen. Die Unfähigkeit, an einem Kraftort zu bleiben, mag Ihnen dieses Gefühl der Unruhe und des Getriebenseins widerspiegeln. Falls dem so ist, vertrauen Sie während der Suche ganz auf Ihre Intuition, und stellen Sie keine zu hohen Ansprüche an Ihren Kraftort. Es reicht, wenn Sie sich dort wohlfühlen. Und dann bleiben Sie dort, auch wenn es Ihnen schwerfällt.

Es ist auch möglich, dass Ihnen »wohlfühlen« nicht ausreicht. Sind Sie vielleicht auf der Suche nach einer »Energieader«, einem »echten«, heiligen Kraftort, der Sie auflädt wie eine Batterie? Dagegen spricht nichts, ist aber auch nicht das eigentliche Ziel des Rituals. Ich persönlich bin der Meinung, dass das, was man in der Natur findet, ausreicht und dass es nicht immer höher, weiter und eben kraftvoller hinausgehen muss. Alte Bäume besitzen z. B. eine fantastische Ausstrahlung, die ich häufig als sehr beruhigend empfinde. Sie vermitteln Gelassenheit und eben auch Kraft. Und trotzdem sind meine Kraftorte bisher meistens ganz gewöhnliche Plätze gewesen: eine Buche im Wald, eine kleine Ausbuchtung am nahegelegenen Bach und eine Steinmauer, von der aus ich das Treiben in einer alten Platane beobachten konnte.

Gefunden – und nun?

Nun haben Sie vielleicht an einigen Orten verweilt und am Ende einen Platz gefunden, der sich im Moment für Sie gut anfühlt. Was sollen Sie nun tun? Nichts. Wirklich! Nichts zu tun, ist gar nicht so einfach, aber widerstehen Sie der Versuchung, Ihr Smartphone zu zücken, die Einkaufsplanung für den Abend durchzugehen oder die Zeit am Kraftort besonders »sinnvoll« nutzen zu wollen, z. B. indem Sie meditieren. Bleiben Sie stattdessen ganz in Ihrer Wahrnehmung: Was sehen Sie? Welche Tiere nehmen Sie in Ihrer Umgebung wahr? Was können Sie in dem Moment an Ihrem Kraftplatz hören? Und riechen? Wie sitzt es sich auf dem Boden? Wo drückt es Sie? Wenn Sie Ihre nähere Umgebung abtasten: Was können Sie da berühren? Blätter, Äste, Steine? Sind die Gegenstände hart oder weich, rund oder scharfkantig, biegsam oder starr? Lassen Sie sich einige Zeit ganz auf die Wahrnehmung ein, und wenn Sie merken, dass es Ihnen zu viel wird, dann gehen Sie wieder.

Nachbereitung

Wie eingangs geschrieben: Die Kraft dieses Rituals entfaltet sich mit der Zeit. Sie müssen mit Ihrem Kraftort langsam vertraut werden, und der Kraftort muss die Gelegenheit haben, in Ihnen zu wachsen. Versuchen Sie deshalb, regelmäßig an Ihrem Kraftort zu sein, und scheuen Sie auch schlechtes Wetter nicht, solange Sie dabei nicht frieren oder klatschnass werden. Sie können jedes Mal eine Schwelle errichten, wenn Sie zu Ihrem Kraftort gehen und diesen wieder verlassen, um den Ritualaspekt zu stärken. Das ist eine Option aber kein Muss. Nehmen Sie sich ein gemütliches Sitzkissen mit, ziehen Sie sich warm genug an, und tragen Sie bei Regen als äußerste Schicht einen Regenponcho, dann sind Sie gegen die meisten Unbilden des Wetters gefeit.

Nachtrag

Es ist eine Eigenart der Natur, dass sie in stetiger Wandlung und Veränderung begriffen ist. So wird sich Ihr Kraftort im Laufe der Zeit nicht nur anders und vertrauter anfühlen, sondern sich auch verändern. Ihren Kraftort bei Regen, bewölktem Himmel oder Sonnenschein, im Sommer oder Winter zu erleben – all das wird Ihnen auf einer anderen Ebene als der rein verstandesmäßigen dabei helfen, Veränderungen auch in Ihrem Leben zu akzeptieren und sie als etwas Natürliches anzusehen. Denn unser Alltag, der sich für viele von uns in der Betonwüste abspielt, zwischen Wohnung und Arbeitsplatz, erweckt allzu oft den Eindruck, dass sich eben wenig verändert und dass das der natürliche Zustand der Welt ist. Nichts liegt weiter von der Realität entfernt.

Sie werden auch feststellen, dass sich die Tiere in der Umgebung Ihres Kraftortes und dabei vor allem die Singvögel an Ihre Gegenwart gewöhnen werden. Schon am ersten Tag mag ein neugieriges Rotkehlchen Ihnen einen Besuch abstatten, aber die Amsel wird wahrscheinlich mit Ihrem markanten Warnruf die ganze Vogelwelt um Ihren Sitzplatz herum in Aufregung versetzen: »Da ist etwas, was nicht da sein sollte und was vielleicht eine Gefahr für uns darstellt!« Selbst wenn Sie von alledem wenig mitbekommen, so werden Sie doch im Laufe der Zeit merken, dass Sie viel schneller und vor allem friedvoller an Ihrem Kraftort zur Ruhe kommen können, wenn die anderen Lebewesen in der Umgebung Sie nicht als Gefahr betrachten. Achten Sie einmal auf Ihrem nächsten Spaziergang in der Natur darauf, wie die Vögel auf Sie reagieren: Manche Vögel geben Warnrufe von sich und fliegen sofort davon, andere Vögel verschwinden, ziehen sich ins Unterholz zurück oder verstummen in ihrem Gesang, bis Sie sich aus ihrer unmittelbaren Umgebung entfernt haben. Viele Vögel sind aber auch an vorbeigehende Menschen gewöhnt und werden erst dann misstrauisch und hektisch, wenn Sie eine Weile stehen bleiben. Rabenvögel wie Krähen lassen sich z. B. von einem vorbeigehenden Menschen kaum stören. Sobald Sie jedoch stehen bleiben, geht bei ihnen eine Warnlampe an, und sie hüpfen ein paar Meter oder fliegen davon.

Was bedeutet das in Bezug auf das Thema »Kraftort«? Am Anfang sind Sie ein Eindringling in der natürlichen Umgebung rund um Ihren Kraftort, und nur Ihre mögliche Unkenntnis in Bezug auf Tiere und ihr Verhalten mag Sie davor bewahren, das bewusst so wahrzunehmen. Im Laufe der Zeit werden Sie jedoch von der Artengemeinschaft um Sie herum akzeptiert und dadurch nicht nur spannende Beobachtungen machen können, sondern eben auch viel entspannter und friedvoller an Ihrem Kraftort sein.

»Kraft« erhalten Sie auch dadurch, dass Sie im Laufe der Zeit ein Gefühl der Zugehörigkeit und vielleicht der Geborgenheit an Ihrem Ort entwickeln werden. Denn der Stress, unter dem viele von uns in unserer modernen Gesellschaft leiden, ist in erster Linie das urmenschliche Signal für »Gefahr!«, wenn uns eine Situation unbekannt, bedrohlich oder überfordernd erscheint. Hinzu kommt dann noch der Stress, wenn wir unter Zeitdruck stehen. An Ihrem Kraftort werden Sie sich im Laufe der Zeit immer sicherer fühlen, und dadurch, dass sich Ihr Körper und Ihr Geist ebenfalls daran gewöhnen werden, dass es an diesem Ort »nichts zu tun« gibt, werden Sie auch Gelassenheit und Entspannung erfahren.

Selbst kreierte Rituale

Sie sind am Zug

In diesem Buch habe ich zwölf Kraftrituale in der Natur vorgestellt, aber natürlich gibt es viele weitere Möglichkeiten, Alternativen und Variationen. In dem Maße, in dem Sie von diesem Buch angeleitet Ihre Erfahrungen sammeln, werden Sie Vertrauen in Ihre eigenen Fähigkeiten entwickeln. Sie werden Neues ausprobieren, verschiedene Ritualaspekte miteinander kombinieren und Ihren eigenen Ritualstil entwickeln können. Scheuen Sie sich nicht, innerhalb Ihrer eigenen Komfortzone zu experimentieren und auf die eigene Intuition zu vertrauen.

Wie in der Einführung beschrieben, ist der Sinn und Zweck von Ritualen, Veränderungsprozesse in Gang zu bringen und zu erleichtern. Wenn Sie erkennen, um welchen Veränderungsprozess es bei Ihnen gehen soll, und Sie die hier vermittelten Werkzeuge anwenden können, dann öffnet sich für Sie ein Raum, der es Ihnen möglich macht, eigene Rituale zu entwickeln. Beachten Sie dabei, dass es neben der Planung (Vorbereitung) und der Nachbereitung im Hauptteil des Rituals immer drei Dinge gibt, die gestaltet werden möchten: die Schwelle hinein ins Ritual, das Ritual selbst und die Schwelle hinaus aus dem Ritual. Versuchen Sie dabei, nach der

Maxime »so viel wie nötig und so wenig wie möglich« vorzugehen. Man kann ein Ritual dadurch kaputt machen, indem man es mit theatralischen Mitteln überfrachtet, also indem man z. B. trommelnd im selbst entworfenen Ritualgewand durch den Wald tanzt, obwohl in diesem Moment in Bezug auf Ihre tatsächlichen Bedürfnisse ein einfacher stiller Dank am wirkungsvollsten wäre. Ebenso kann man ein Ritual verkümmern lassen, wenn man auf essenzielle Aspekte wie z. B. die Schwelle verzichtet oder diese vernachlässigt.

Nachwort

Falls Sie alle oder einige der in diesem Buch vorgestellten Rituale durchgeführt haben, dann haben Sie auch einen Grund, dies als Erfolg zu feiern: Sie haben sich auf etwas Neues eingelassen, Sie haben Kraft geschöpft, Frieden mit Ihrer Lebensgeschichte und anderen Menschen geschlossen und Ihr eigenes Schattenkind angenommen. Sie haben Ihr (inneres) Feuer entfacht, haben die Leichtigkeit des Wassers (wieder-)entdeckt, Antworten auf Fragen in der Natur erhalten, Altes zurückgelassen und Neues in Ihr Leben eingeladen.

Sie mögen auch Zweifel haben, sich angestrengt, geschwitzt, geflucht oder geweint haben. Veränderungen im Leben anzunehmen und diese aktiv zu gestalten, z. B. mithilfe der in diesem Buch vorgestellten Naturrituale, kann durchaus herausfordernd sein und Sie an Ihre persönlichen Grenzen führen. Gleichwohl hoffe ich, dass Sie viel Freude beim Erleben Ihrer Naturrituale hatten und haben. In diesem Sinne danke ich Ihnen für Ihre Bereitschaft und Ihr Vertrauen, mir durch dieses Buch gefolgt zu sein, und wünsche Ihnen für die Zukunft weitere kraftvolle Naturrituale und viel Lebensfreude!

Über den Autor

Volker Peters ist seit seiner Jugend in der Wildnis Skandinaviens zu Hause und entdeckte früh seine Leidenschaft für die spirituelle und geistige Seite des Naturerlebens.

Er schloss seine Ausbildung zum Visionssucheleiter und Wildnisführer an der »School of Lost Borders« in den USA 2010 bei Meredith Little erfolgreich ab.

Der Autor lebt und arbeitet in Freiburg im Breisgau. Seine PHÖNIXWEG-Seminare und Ausbildungen rund um Naturrituale und Naturcoaching ziehen Menschen aus ganz Deutschland in den Schwarzwald.

Mehr Informationen über Volker Peters finden Sie auf seiner Homepage:

www.phoenixweg.de

Bildnachweis

Hand in Hand
mit Mutter Natur

Alexandra Meier
Die Weisheit des Waldes
oder wie man im Einklang mit der Natur lebt
144 Seiten
ISBN: 978-3-8434-1258-2

Der Wald – ein Ort des Rückzugs und des Friedens. Wer mit ihm und seinen Bewohnern in Einklang lebt und seine Weisheiten versteht, dem offenbaren sich die Grundprinzipien des Lebens. Alexandra Meier führt uns mit diesem Buch auf sanfte Weise zurück zur Natur, zu unseren Wurzeln, zu unserem Ursprung.

Simone Vetters & Ute Leilani Meuser
Meine Natur wahrnehmen
Fasten und mehr für Klarheit, Energie,
Schönheit, Natürlichkeit & Sinnlichkeit
49 Karten mit Begleitbuch
ISBN: 978-3-8434-9078-8

Fasten, tanzen, barfuß gehen … die eigene Natur mit allen Sinnen wahrnehmen: Die inspirierenden Kraftkarten dieses liebevoll gestalteten Sets geben uns leichte Impulse, uns unserem eigenen Körper zuzuwenden und ihn als das Wunder wahrzunehmen, das er ist.

Schirner
Verlag